Aogán Ó Rathaille

Aogán Ó Rathaille

curtha in eagar ag Breandán Ó Buachalla

Filí 1

Eagarthóir Sraithe: Breandán Ó Buachalla

Field Day Publications
Baile Átha Cliath, 2007

ISBN-10 0-946755-31-0
ISBN-13 978-0-946755-31-8

Á fhoilsiú ag Field Day Publications le cuidiú Choiste Náisiúnta Léann na Gaeilge (RIA) agus an Keough-Naughton Institute for Irish Studies sa University of Notre Dame.

Field Day Publications
Newman House
86 Faiche Stiabhna
Baile Átha Cliath 2
Éire

Curtha in 10pt/13pt Quadraat
Red Dog Design Consultants a dhear
Clóbhuailte ar Arctic Gloss agus Munken Lynx

Clár

Noda

AÓR = *Dánta Aodhagáin Uí Rathaille* (Dinneen & O'Donoghue)
DIL = *Dictionary of the Irish Language* (Quin)
DNB = *Dictionary of National Biography* (Stephen)
FFS = *Filí faoi Sceimhle* (Ó Tuama)
FGB = *Foclóir Gaeilge–Béarla* (Ó Dónaill)
IMC = Irish Manuscripts Commission
ITS = Irish Texts Society
KM = *Kenmare Manuscripts* (McLysaght)
MM = *The MacCarthys of Munster* (McCarthy)
OED = *New Oxford Dictionary of English* (Pearsall)
SKR = *Selections from Old Kerry Records* (Hickson)

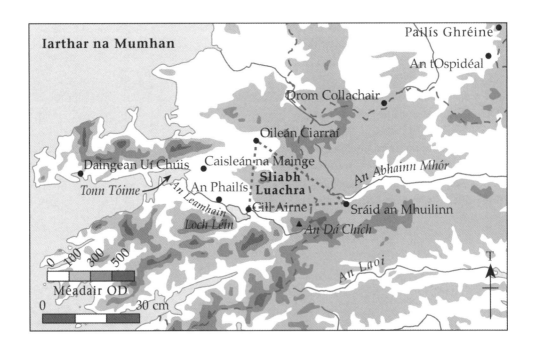

Iarthar na Mumhan

Pailís Ghréine

An tOspidéal

Drom Collachair

Oileán Ciarraí

Daingean Uí Chúis

Caisleán na Mainge

An Abhainn Mhór

Sliabh Luachra

Tonn Tóime

An Phailís

An Leamhain

Cill Airne

Loch Léin

Sráid an Mhuilinn

An Dá Chích

An Laoi

0 100 300 500

Méadair OD

0   30 cm

Réamhrá

File é Ó Rathaille (c.1670–1729) a shealbhaigh na tuiscintí traidisiúnta ar ról an fhile Gaeilge, ach a chaith an ról sin a chomhlíonadh i saol agus i sochaí a bhí ag athrú ó bhonn. Guth uaibhreach an fhile atá as ionad, file nach bhfuil a cheart oidhreachtúil á fháil aige, an guth a tharraing Ó Rathaille chuige féin mar straitéis agus a shlí ealaíonta féin á déanamh amach aige. Gné lárnach den chruinne fhileata a chruthaigh Ó Rathaille is ea an gaol a shamhlaigh sé idir é féin is na Cárthaigh. Tá turnamh an chine sin agus a dheasca do chás na hÉireann agus dá chás pearsanta féin ar phríomhthéamaí a shaothair.

Cé go raibh na Cárthaigh le háireamh ar phríomhshleachta chúige Mumhan uair, faoi dheireadh an tseachtú haois déag, mar thoradh ar phlandáil, eisreachtú is mhí-éifeacht, bhí an cine 'tráite tréithlag / gan rí ar an gcóip ná treorach tréanmhar' (**4**: 1–2). Príomhghéag an teaghlaigh oirirc — Mac Cárthaigh Mór — a bhí uair 'i gceannas na gcríoch gcaoin gcluthar gcuanach gcam' (**3**: 7), is 'tollta a chuisle' anois; bhí a bhrí imithe 'ar feochadh' (**17**: 4). Ach b'iad na Cárthaigh, dar le Ó Rathaille, 'na flatha fá raibh mo shean roimh éag do Chríost' (**17**: 28), agus cé gur deacair bunús stairiúil an ráitis uaibhrigh sin a fhíorú, consaeit í a ghineann filíocht den scoth.[1] Samhlaíonn sé é féin ina fhile teaghlaigh ag na Cárthaigh agus, dá réir sin,

---

1   Níor chine mór le rá riamh iad muintir Rathaille agus ní léir go raibh ceangal cleithiúnais riamh eatarthu agus na Cárthaigh. Más ar thailte na gCárthach a bhí cónaí ar Ó Rathaille, is cinnte go mbeadh sé nádúrtha aige 'to look to the MacCarthys as his chiefs' (AÓR: xiii); más fíor an ráiteas go raibh 'ionad mo shean le seal in Uíbh Laoghaire' (**5**: 257), is dóichí go gceanglódh sin iad le Cárthaigh Mhúscraí. Is cinnte go raibh muintir Rathaille bunaithe go maith in iarthar Chorcaí agus in oirthear Chiarraí faoi dheireadh an 16ú haois (Irish Fiants: 3031, 3364; iv: 670). Áitíonn Dinneen (AÓR: 337) gur i mainistir Mhucrois, ionad adhlactha Mhic Cárthaigh Mhóir, a cuireadh Ó Rathaille. Mheas O'Reilly (1820: 203) gur de Chlann Mhic Aogáin máthair an fhile. B'iad an sliocht sin breithiúna Mhic Cárthaigh Mhóir agus is cinnte go raibh cuid acu ina gcónaí ar thailte na gCárthach sa 16ú agus sa 17ú haois (féach Irish Fiants: 4576, 4888; KM: 386, Casey 1952: 615, 618; Egan 1979). Maidir leis na Cárthaigh trí chéile, féach MacCarthy (1849), McCarthy (1922), Butler (1925), Ó Donnchadha (1940).

go heolchaireach
eolchaire : lamenting
homesickness

samhlaíonn go raibh a dhán féin dlúthcheangailte lena ndánsan: dá mbeadh na Cárthaigh fós i gceannas na dúiche, 'go dealbh i dtír Dhuibhneach níor bhuan mo chlann' (**3**: 8); is 'pian 's is céasadh' leis Gríofa agus Hedges a bheith anois i 'leaba an Iarla' Donncha Mac Cárthaigh (**4**: 45–46); is é a thug 'dealbh fós me ar easpa bróg ar sráid aniogh' na Cárthaigh a bheith 'gan chion' (**4**: 71–72); 'comhla dhín dom chlainn' ab ea an Captaen Eoghan Mac Cárthaigh (**5**: 7); is toisc 'scamall' a bheith ar Mhac Cárthaigh Mór 'fá deara dhom triall riamh ort, a Vailintín Brún' (**22**: 4). Siúlann na Cárthaigh — go hindibhidiúil is go hiolrach — trína shaothar go tragóideach eolchaireach; is le cion, le mórtas, le comhbhá is le briseadh croí a labhrann seisean orthu agus ar a dturnamh:

den Charathfhuil fhéil, mo léan, níl puinn beo againn (**2**: 15)

is is atuirseach trím chroí gan a dtuairisc ann (**3**: 12)

mo ghreadadh bróin na dragain chróga scáinte ón gcith,
is na Galla móra i leaba an leoin ón mBlarnain ghil (**4**: 69–70)

Fán dtromlot d'imigh ar chine na rí mórga
treabhann óm uiseannaibh uisce go síorghlórach ... (**17**: 21–22)

Ní hionadh, mar sin, gurb iad na dánta 'Cárthacha' (**3**, **4**, **5**, **17**, **22**) na dánta is déine mothú agus is ardaigeanta reitric dá chuid. Ach turnamh na gCárthach féin, agus ar lean é, ba chuid de thragóid níos leithne is níos uilí é:

Monuarsa an Chárthfhuil tráite tréithlag ...

tír bhocht bhuartha is uaigneach céasta ...

tír gan eaglais chneasta ná cléirigh ...

baintreach dheorach leointe léanmhar ...

Fuil a croí 'na linntreach shéideas,
is gadhair Bhriostó dá hól le géar-airc,
a hablach tá dá sracadh as a chéile
ag madraíbh Sacsan go cealgach d'aontoisc. (**4**: 1, 9, 13, 23, 33–36)

ní duine ná ochtar, ach cogadh na rithe de ghnáth
tug muileann an droichid 's an eochair do Mhuiris 'na láimh. (**5**: 263–64)

'Cogadh an Dá Rí' in Éirinn (1689–91) an cogadh atá i gceist. Is go lom gonta trombhríoch a chuireann Ó Rathaille síos ar dheireadh an chogaidh sin: 'ó lom an cuireata cluiche ar an rí coróineach' (**17**: 12). Uilliam Oráiste an cuireata, Séamas II an rí 'coróineach', is é sin le rá, an rí ceart dlisteanach, rí a díbríodh as a ríochta go fealltach peacúil sa bhliain 1688. Agus is é a dhíbirt a rinneadh:

Gur díbreadh an rí ceart go claonmhar (**5**: 221)

ó díbreadh an rí ceart le fórlucht (**6**: 96)

monuarsa go tréithlag mac Shéarlais ba rí againn,
in uaigh curtha 'na aonar 's a shaordhalta ar díbirt. (**10**: 4)

Tubaiste áitiúil é turnamh na gCárthach, tubaiste náisiúnta é díchur Shéamais II sa bliain 1688, príomhthéama eile a shaothair. B'é Séamas II *an rí ceart*; á uireasa, de réir idé-eolaíocht dhúchais an ríochais, is í an ainriail a tháinig isteach:

Tír gan eaglais chneasta ná cléirigh,
tír le mioscais noch d'itheadar faolchoin,
tír do cuireadh go tubaisteach traochta
fá smacht namhad is amhas is meirleach. (**4**: 13–16)

Ach bhí i ndán dó filleadh agus, ar a fhilleadhsan, is go haoibhinn is go hait a bheadh an saol trí chéile arís; bheadh athaoibhneas ar fáil don duine aonair is don phobal trí chéile:

A thalamh má bhí dá dhíth go mb'fhéidir
a fháil do arís le linn an réics chirt (**5**: 227–28)

in ainm an rí dhíograis bheas againn go luath
i gceannas na dtrí ríochta is dá gcosnamh go buan (**7**: 15–16)

beidh Éire go súgach 's a dúnta go haerach …
is Séamas 'na chúirt ghil ag tabhairt cheana Ghaelaibh. (**10**: 17, 20)

Agus bheadh an comhar á dhíol le lucht an fhill:

is an bhuíon so tá ciontach ná humhlann don chléir chirt,
dá ndíbirt tar triúchaibh go Newland ó Éirinn … (**10**: 14–15)

go mbeidh Muilín is Deiní is Carraic go dubhach
ag cur buinní as a n-inníbh is fairsinge mhúin (**13a**: 3–4)

báfaidh sé an tréada thug táir agus béim do … (**16**: 20)

File Seacaibíteach é Ó Rathaille a fhógraíonn is a chosnaíonn ceart na Stíobhartach agus a dhíríonn fraoch a theanga ar na hÉireannaigh sin a shéan 'mac Shéamais le foirm na mionn' (12: 23), gníomh ar 'tréasan' é ag 'faolchoin an éithigh' (10: 1, 5).[2] Ní teoiric ag Ó Rathaille é an Seacaibíteachas ach creideamh, creideamh diongbhálta polaitiúil. Tugann na leasainmneacha ceana a chleachtann sé agus é ag tagairt don Stíobhartach — 'Mac an Cheannaí' (5), 'Ristín' (13a: 2), 'Buachaill Ristird' (14), 'an Fánaí' (16: 19) — tugaid sin le tuiscint go raibh comhluadar liteartha tuisceanach ar fáil a thuig an cód inmheánach agus an fráma tagartha. Baineann sin chomh maith leis an sraith aislingí a chum sé, atá ar na dánta is polaitiúla agus, san am gcéanna, ar na liricí is ealaíonta dá chuid. Aiste dhraíochtúil é 'Aisling Aogáin Uí Rathaille' (7), lán de thorthúlacht is de mhacnas: ceo, meas, mil, toradh, cnuas agus íomhá álainn 'na dtrí gcoinnle do lasadh ar gach cuan' (7: 14). An ghluaiseacht inmheánach atá sa dán, gluaiseacht ó dhóchas (*scaoth bhruinneall soilbhir suairc* l. 3) go héadóchas (*bhíos tinnchreathach doilbhir duairc*, l. 19), gluaiseacht í a fhaightear in aislingí eile dá chuid freisin. Tosaíonn 'Mac an Cheannaí' (8) le teachtaireacht ard-dóchais: an ainnir shéimh ag maíomh 'go raibh ag tíocht 'na gar le díograis, Mac an Cheannaí' (l. 4); críochnaíonn go héadóchasach lagspioraidiúil agus an bhean 'go lagbhríoch' (l. 32). 'Fios fiosach' (11: 9) ardmheanmnach fáistineach a bhí ag 'Gile na Gile' don inseoir: 'fios filleadh don duine don ionad ba rídhualgas' (l. 10); ní mar sin a d'iompaigh amach ach 'mo shoilseach' (l. 34) ag deireadh an dáin ceangailte le 'adharcach foireanndubh' (l. 35). 'All wings and music ... all sparkle, charm and life' an cur síos a rinne Corkery (1925: 182) ar 'Gile na Gile'. Tá sin i gceist, ach ní sin amháin atá ann mar, dá bharócaí é mar dhán, iompraíonn sé teachtaireacht shoiléir pholaitiúil; soláthraíonn sé, mar a dheineann na haislingí eile — agus dánta eile dá chuid — tráchtaireacht chomhaimseartha ar ghníomhaíocht pholaitiúil a linne; tráchtaireacht a léirítear go híogair ealaíonta mothaitheach (7, 8, 9, 10, 11, 14, 16).

Is é an nascadh máistriúil a rinne Ó Rathaille — an chéad fhile Gaeilge a rinn — idir idé-eolaíocht thraidisiúnta an ríochais agus idé-eolaíocht chomhaimseartha an tSeacaibíteachais a chothaíonn fuinneamh neamhghnách a reitrice. Ach is é a ghuth sainiúil féin — guth uaibhreach an fhile atá as ionad — a thugann faobhar, idir fhaobhar intleachtúil is fhaobhar mothaitheach, dá chuid filíochta. Bíodh nach leathan é réimse téamúil an ábhair a shaothraíonn sé, saothar é atá ar tinneal le paisiún is móraigeantacht, saothar a bhfuil fócas cúng aige ach fós a shnaidhmeann le chéile anstad file is pobail in aon amharc amháin. 'Is atuirseach géar liom créachta chrích Fódla' (2: 1) a fhógraíonn sé i ndán luath dá chuid, agus cé gurb iad críocha na gCárthach is mó is cúram fileata do, is í Éire féin, a haibhnte, a sléibhte, a cuanta, a sholáthraíonn fráma geografúil dá shaothar trí chéile. Feidhmíonn sí freisin, ina riochtanna banda difriúla (ainnir shéimh, céile, spreas, baintreach) mar charachtar príomha ina shaothar arb ionann a dhánsan agus dán a muintire: 'níl faoiseamh seal le tíocht 'na gar go bhfillfidh Mac an Cheannaí' (8: 12).

2   B'é an ríora Stíobhartach (Séamas I, Séarlas I, Séarlas II, Séamas II) a bhí mar ríthe ar na trí ríochta (Alba, Éire, Sasana) ó 1603 go dtí gur athríodh Séamas II sa bhliain 1688. Tugtar Seacaibítigh (< *Jacobus*) ar a lucht leanúna, dream a chreid gurbh iad na Stíobhartaigh fós (Séamas III, Séarlas Óg), ríthe *de jure* na dtrí ríochta agus a rinne iarrachtaí míleata difriúla san 18ú haois an ríora a athbhunú. Tugadh file 'Seacaibíteach' ar Ó Rathaille chomh luath le 1903 (Hull), ach ní aitreabúid é a lean dó. Maidir leis an Seacaibíteachas, féach Lenman (1977), Monod (1989), Mac Craith (1994), Ó Buachalla (1996), Ó Ciardha (2002).

Is mó pearsa — carachtair stairiúla, carachtair chomhaimseartha, carachtair mhiotasacha — a lonnaíonn sa chruinne fhileata a chruthaigh Ó Rathaille. Tá cuid de na carachtair sin luaite cheana (na Cárthaigh, na Stíobhartaigh, Éire) ach os a gcionn sin uile tá 'an Cumhachtach soin Dia' (**19**: 5), carachtar lárnach a shaothair. Peacaí na muintire a tharraing 'fraoch an Rí chomhachtaigh' (**2**: 20) anuas ar Éirinn; ina lámha súd a bhí fuascailt na hanbhroide, agus is chuigsean ba ghá guí is achainí a dhéanamh:

agallam Aonmhac Dé ar Ghaoidhil d'fhóirthint (**2**: 28)

guím an Tríonóid fhíormhór naofa (**4**: 61)

aitchimse an tUan fuair bualadh is briseadh dár dtaoibh ... (**14**: 13)

Eisean a dheonfaidh suaimhneas síoraí mar aon le hionad sna flaithis do na fíréin:

Aitchim Dia go dian id chóisir ...
dod choimhdeacht go ríoghacht na glóire (**6**: 101, 104)

is a Rí, stiúir dod ríchúirt an dís úd 's an t-aon (**18**: 32)

mar a dheon, sa saol talmhaí, pátrún nua in ionad pátrúin a fuair bás:

Sé Dia do chruthaigh an saoghal slán,
tug fial in ionad an fhéil fuair bás ... (**15**: 21–22)

B'í an phátrúntacht fós, in Éirinn, agus san Eoraip trí chéile, príomhthaca na litríochta san ochtú haois déag. Braitear éifeacht phraiticiúil na pátrúntachta (só, suaimhneas, tearmann) sa ghluaiseacht chaithiseach éadromchroíoch atá faoin dáinín gleoite 'Caisleán an Tóchair' (**15**). Bhí pátrúin ar fáil ag Ó Rathaille an chuid is mó dá shaol — mionuaisle Chaitliceach Sheacaibíteach iarthair Mumhan (Ó Donnchú, Ó Laoire, Ó Ceallacháin, Mac Gearailt, Brún, mar shampla) — agus mhol is chaoin sé iad sna módanna traidisiúnta cumadóireachta feadh a chumais (**1**, **5**, **6**, **15**, **18–21**). Saol idéalaíoch, mar is dual don fhilíocht chúirte, a nochtar sa saothar 'poiblí' sin: fíon is beathuisce, síoda is sról, léann is cráifeacht, seilg, carbhas is spórt; carachtrú idéalaíoch, mar an gcéanna, a dhéantar ar phearsana na ndánta sin: crógacht, léann, carthannacht, féile is na suáilcí uile a samhlaíodh go traidisiúnta leis an eitic uaslathach. Bhí idir shaol is charachtrú, mar a bhí an Seacaibíteachas féin, bunaithe ar ghinealach, ar fholaíocht, ar an gceart oidhreachtúil: faoi mar b'é Séamas II, agus a shliocht, 'an rí ceart' (**5**: 221), b'é Dónall Ó Ceallacháin 'Ó Ceallacháin ceart is mac Uí Cheallacháin é' (**21**: 28). Agus b'in í an teist a dhícháiligh Vailintín Brún:

scamall ar ghriain iarthair dar cheartas ríocht Mumhan
fá deara dhom triall riamh ort, a Vailintín Brún. (**22**: 3–4)

Dá ghliondraí mheidhréisí a d'fháiltigh an file roimh an mBrúnach, ar theacht in oidhreacht dó (19, 20), dá mbeadh an saol mar ba cheart is pátrúin a dhiongbhálasan — Cárthaigh — ar fáil, ní taobh le Vailintín Brún a bheadh an file. Mar ar deireadh thiar ní raibh sa Bhrúnach ach *arriviste* — 'fiach iasachta' a raibh siúlta isteach aige 'i gceart na gCárthach gcaoin' (22: 20).

De réir na scríobhaithe a rinne saothar Uí Rathaille a sheachadadh, is i Sliabh Luachra a saolaíodh an file:

Aodhgán Ó Rathaille, Sliabh Luacra Ciaruidhe (LN G476: 50)

Aodhagán Úa Ratuille ó Sliabh Luachra (LN G496: 60)

Aogán Ó Rathaile Sliabh Luachra (IL 7: 223)

Aódhgán ua Raithle ó Shliabh Luachradh na Mumhain (UCC T62 b: 176)

Eogan Ó Rathaille .i. fear calame o shliabh Luachra (RIA 23 N 9: 73)

Ach is ceantar an-fhairsing é Sliabh Luachra a chuimsíonn an líomatáiste a shíneann ó Chill Airne go Sráid an Mhuilinn go hOileán Ciarraí. Cé nach bhfuil a áit bhreithe cinnte, is dóichí gur i gceantar Chill Airne, timpeall na bliana 1670, a saolaíodh Ó Rathaille.[3] Tá fianaise chomhaimseartha againn go raibh muintir Rathaille lonnaithe in oirthear Chiarraí ag deireadh an tséú haois déag, ach níor áiríodh riamh ar mhórshleachta Chiarraí iad. I lámhscríbhinn a scríobh sé féin, is mar seo a thugann an file a ainm is a shloinne:

Arna sgriobh le hAodhagan Ua Raghaillaigh ... Aogan Ua Rathaille ... Finis Libri Secundi 7br The 9th 1722 Aodhagan Úa Rathaille.[4] (LN G 226: iii v, 83 r, 142 r)

Díol suime é an mhalairt Ua Raghallaigh/Ua Rathaille, sloinnte a ndeintear idirdhealú iomlán eatarthu inniu. Ní lú de dhíol suime é an t-ainm baistí Aogán, a annamhaí a fhaightear

---

3   Cé go ndeir Dinneen go raibh traidisiún ann gur i Screathan an Mhíl a saolaíodh Ó Rathaille agus gur chónaigh sé tamall ar Cnoc an Chairria, deir sé freisin: 'The precise locality of O'Rahilly's birth is uncertain' (AÓR: xii). Níl de bhunús leis an bhliain 1670 mar dháta breithe ach gur léir go raibh Ó Rathaille tosaithe ar fhilíocht a scríobh roimh 1700. Tá a fhios againn go raibh sé marbh faoi Mhárta 1729 (n. 8).

4   Faightear a shíniú freisin (*Aodhgán Úa Rathaille*) in LN G598a: 4 (cóip easnamhach de *Foras Feasa ar Éirinn*). Síniú bréige is ea 'Aodhgán Ó Rathaille, Sliabh Luacra Ciaruidhe' (LN G476: 50).

sna foinsí comhaimseartha é.[5] Chomh maith le bheith ina fhile, ba scríbhneoir próis é Ó Rathaille freisin (AÓR: 287–98), agus ba scríobhaí gairmniúil é a bhfuil toradh a shaothair fós ar fáil againn:

Gonna í sin Ionsuidhe Mhuighe Leanna agus Cath na Cloiche Barruídhe agus Diothchur Eoghain a hEirinn go nuige sin. Airna sgriobhadh le hAodhagan Ua Rathailligh aois an Tighearna an tan sin 1712 agus an tan so 1766. (ML 3: 655)

Ionnsaighe Mhuige Léana ... Iar na scríobhadh le hÉagán Ó Rathaille A.D. 1712. (RIA 24 A 29: 203)

Arna sgriobh le hAodhagan Ua Raghaillaigh do Ruighri mhic Seaain Oig mhic Sithe a nDrom Coluchair san mbliaidhain daois Criosd mile Seacht agus an dara bliadhain fithcead Juliy an seachtmhadh l.[6] (LN G 226: iii v)

Mar a léiríonn an colafan deireanach sin, chaith Ó Rathaille tamall éigin i nDrom Collachair, co. Luimnigh agus is cosúil gur chaith sé tamall i gco. Chorcaí (15) freisin, ach ní mór riamh an taisteal a rinne sé lasmuigh dá cheantar dúchais. Ní mór, ach oiread, an t-eolas atá againn ar dhálaí a bheatha: file é ar ina shaothar go príomha a mhaireann sé. Bhí sé fós ag cumadh dánta do theaghlach Vailintín Brún sa bhliain 1727:

September 1727 paid Egan O Rahilly when his only cowe was appraised last winter 1726 by James Curtaine for composing songs for Master Thomas Browne & the rest of his Lordship's children at John Rierddanes prayer & request ... 1 10 0.[7]

Pé ní a d'éirigh idir é féin agus a phátrún nua, Vailintín Brún, is go fíochmhar míthrócaireach a dhírigh sé air san aoir a chum sé air (22). Seans gurb é an dán deireanach aige é: bhí sé marbh faoi Mhárta na bliana 1729.[8]

---

5 Maidir leis an sloinne, féach AÓR: xii, xl, 334–37. Mheas O'Reilly (1820: 203), ach ní móide an ceart a bheith aige, gur ó cho. an Chabháin d'athair an fhile (John Mór Ó Raghallaigh), gur tháinig sé aduaidh go Ciarraí sa seachtú haois déag 'and there married a young woman of the name of Egan by whom he had Owen O Reilly, a celebrated poet'. Mhíneodh sin, dar le O'Daly (1849: 22), King (1907: 107) is Ó Tuama (FFS: 183) an t-ainm baistí neamhchoitianta Aogán a bheith ar an bhfile.

6 Cóip de Foras Feasa ar Éirinn atá sa LS sin; d'fheidhmigh an téacs sin mar fhoinse eolais is seanchais ag na filí trí chéile; is dóichí gur sna LSS a d'athscríobh sé a tháinig Ó Rathaille ar na foirmeacha ársa teanga a chleacht sé.

7 PRO D/415/R/I: 22. An leagan den sliocht sin a thugtar in KM: 22, tá sé scriosta amach sa LS agus an sliocht thuas curtha ina áit.

8 Tá an t-aon chóip amháin atá ar marthain de thuireamh a cumadh ar Ó Rathaille (Mo cholg-ghoin, mo lomascrios, mo chumha, mo chnead) ar fáil i LS (LN G31: 173) a scríobhadh Márta 1729. Féach de Brún (1968), Ó Buachalla (2004: 58).

Táim an-bhuíoch de Neil Buttimer, Breandán Ó Conchúir, Éamonn Ó hÓgáin as dréacht den eagrán seo a léamh is a phlé liom; de Bhreandán Mac Suibhne is Seamus Deane as gnó an fhoilsithe a chur i gcrích go héifeachtach gairmiúil; de Phádraig Ó Cearbhaill as cuid de na logainmneacha a phlé liom; de na leabharlanna atá liostálta istigh agam as cead a thabhairt dom an t-ábhar a fhoilsiú, d'fhoirne na leabharlann sin, go háirithe na leabharlannaithe Siobhán FitzPatrick (RIA), Penny Woods (MN), Gerard Lyne (LN), is Liz Mullins (IL) as a gcineáltas is a gcomhoibriú. Ba mhór an chabhair dom, is mé ag gabháilt don tionscnamh seo, an plé a bhí déanta ag scoláirí romham, go háirithe Dinneen & O'Donoghue (1911), Ó Tuama (1978), Ní Dhroighneáin (1983), ar na fadhbanna iomadúla a bhaineann le cúlra is saothar Uí Rathaille.

Dánta

I

Ar Shaorbhreathach Mac Cárthaigh

Do chuala gol ban i gcéin,
 is mairg dhom do-chluin an gháir,
ag caoineadh Shaorbhreathaigh na lann,
4   ceathrar dhíobh cé binn atáid.

Gol mná ó Chorcaigh na gcuan,
 gol aduaidh ó Fhear Maí,
gol ó Bhéal Inse na mbárc,
8   is bean ó Chionn tSáile ag caí.

Adhbhar a ngoil faríor is trua,
 tiarna cróga Caisil cháidh
do thit in arm Laoisigh mhóir,
12   aonchú chúnta chríche Fáil.

Péarla na hÉireann is posta na Mumhan,
féinics shleachta Éibhir dob oiriric clú,
tá 'na aonar i ngéibheann na cloiche seo fút,
16   Saorbhreathach éachtach mac Donncha an Chúil.

2 ————————

Marbhna na hÉireann

Is atuirseach géar liom créachta chrích Fódla
fá scamall go daor 's a gaolta clíbhreoite,
na cranna ba thréine ag déanamh dín dóibhsin —
4   do gearradh a bpréamha 's a ngéaga críon feochta.

Cé fada dhuit, a Éire mhaorga mhín-nósmhar,
id bhanaltrain tséimh le féile is fíreolas,
beir feasta acu id mheirdrigh fé gach críonchóisir
8   is gach ladrann caethach d'éis do chlídheolta.

Mar bharra ar mo scéalaibh, féach gur díol deora
go ngabhann gach réacs den réim sin Roinn Eorpa
a bhfearantais féin go saolach sítheoilte,
12   ach Banba i bpéin gan chéile is í pósta.

Do chailleamair préimhshliocht Néill is síol Eoghain,
is na fearachoin tréana, laochra ríocht Bóirmhe;
den Charathfhuil fhéil, mo léan, níl puinn beo againn,
16   ná mhaithibh na nGréag dob éachtach gníomh comhraic.

Is dearbh gurb é gach éigean íogórach,
gangaid is éitheach, claon is díth comhaill,
gan ceangal le chéile, ach réabadh rinnscornach,
20   do tharraing go faobhrach fraoch an Rí chomhachtaigh.

Ó chailleamair Éire is méid ár mídhóchais
is treascairt na laoch mear saor nár mhíthreorach,
ar Aradmhac Dé 's ar thréan na Tríonóide,
24   go maire dá n-éis an méid seo díobh beo againn.

Chailleadar Gaeil a dtréithe caoin córach,
carthanacht, féile, béasa is binncheolta;
allathoirc chlaon do thraoch sinn fí mhórsmacht,
28   agallam Aonmhac Dé ar Ghaoidhil d'fhóirthint.

3 —————

Tonn Tóime

Is fada liom oíche fhírfhliuch gan suan, gan srann,
gan ceathra, gan maoin, caoire ná buaibh na mbeann;
anfa ar toinn taoibh liom do bhuair mo cheann
4   is nár chleachtas im naíon fíogaigh ná ruacain abhann.

Dá maireadh an rí díonmhar ó bhruach na Leamhan
is an ghasra bhí ag roinn ris ler thrua mo chall
i gceannas na gcríoch gcaoin gcluthar gcuanach gcam,
8   go dealbh i dtír Dhuibhneach níor bhuan mo chlann.

An Carathach groí fíochmhar ler fuadh an mheang,
is Carathach Laoi i ndaoirse gan fuascladh, fann;
Carathach rí Cinn Toirc in uaigh 's a chlann,
12   is is atuirseach tróm chroí gan a dtuairisc ann.

Do shearg mo chroí im chlíteach, do bhuair mo leann,
na seabhaic nár fríth cinnte dar dhual an eang,
ó Chaiseal go Toinn Chlíona is go Tuamhain tall,
16   a mbailte is a dtír díthchreachta ag sluaghaibh Gall.

A thonnsa thíos is aírde géim go hard,
meabhair mo chinn go cloíte ód bhéiceach tá;
cabhair dá dtíodh arís ar Éirinn bhán,
20   do ghlam nach binn do dhingfinn féin id bhráid.

4 ————

Treascairt na hÉireann

Monuarsa an Chárthfhuil tráite tréithlag,
gan rí ar an gcóip ná treorach tréanmhar,
gan fear cosnaimh ná eochair chun réitigh,
4   is gan sciath dhín ar thír na saorfhlaith.

Tír gan triath de ghrianfhuil Éibhir,
tír fé ansmacht Gall do traochadh,
tír do doirteadh fé chosaibh na meirleach,
8   tír na ngéibheann — is tréighid go héag liom.

Tír bhocht bhuartha is uaigneach céasta,
tír gan fear, gan mac, gan chéile,
tír gan lúth, gan fonn, gan éisteacht,
12   tír gan cothrom do bhochtaibh le déanamh.

Tír gan eaglais chneasta ná cléirigh,
tír le mioscais noch d'itheadar faolchoin,
tír do cuireadh go tubaisteach traochta
16   fá smacht namhad is amhas is meirleach.

Tír gan tartha, gan tairbhe in Éirinn,
tír gan turadh, gan buinne, gan réaltann,
tír do nochtadh gan fothain, gan géaga,
20   tír do briseadh le foirinn an Bhéarla.

Tír is cráite, tráite a tréinfhir,
tír ag síorghol í go héadmhar,
baintreach dheorach leointe léanmhar,
24   staite bhrúite chúthail chréachtach.

Is fliuch a grua go buan le déaraibh,
gruaig a mullaigh ag titim 'na tréanrith,
sruthanna fola as a roscaibh go caobach,
28   a haighthe ar shnua an dubh-ghuail le chéile.

A baill crapaithe ceangailte céasta,
glas a coim thais mhínghil ghléigil,
iarnaí cumadh in ifreann mhaoldubh
32   le ceardaibh Vulcánais chraosaigh.

Fuil a croí 'na linntreach shéideas,
is gadhair Bhriostó dá hól le géar-airc,
a hablach tá dá sracadh as a chéile
36   ag madraíbh Sacsan go cealgach d'aontoisc.

D'fheoigh a duille, níl fuinneamh 'na géagaibh,
do théacht a huisce le cuisne na spéire,
sa ghréin níl taitneamh os fearannaibh, féachaidh,
40   is ceo na ceártan atá ar a sléibhtibh.

A mianach ríoga, a coill 's a haolbhach,
do dódh, do briseadh a connadh 's a caolbhach;
a slata fáis go scáinte réabtha,
44   i gcríochaibh eachtrann scaipthe ó chéile.

Gríofa is Hedges gan cheilg im scéalaibh,
i leaba an iarla, is pian 's is céasadh;
an Bhlarna gan áitreabh ach faolchoin,
48   is ráth Loirc scriostaithe nochtaithe i ndaorbhroid.

Do thit an Leamhain gan tapa, mo ghéarghoin,
an Mhaing 's an tSionainn 's an Life fé chréachtaibh;
Teamhair na rithe gan ursa shliocht Néill Duibh,
52   ní beo curadh acu, cine na Raghallaigh.

Níl Ó Dochartaigh i gcothrom ná a chaomhshliocht,
níl Síol Mórdha, treoin ba thréanmhar,
níl Ó Flaithearta i gceannas ná a ghaolta,
56   Síol mBriain dearbh 'na nGallaibh le tréimhse.

Ar Ó Ruairc níl lua, mo ghéarghoin,
ná ar Ó Dónaill fós in Éirinn,
na Gearaltaigh táid gan tapa, gan sméideadh,
60   Búrcaigh is Barraigh is Breatnaigh na gcaolbharc.

Guím an Tríonóid fhíormhór naofa
an ceo so do dhíchur díobh le chéile,
de shleachtaibh Ír is Choinn is Éibhir,
64   is aiseag do thabhairt 'na mbeatha do Ghaelaibh.

Aiseag do Ghaelaibh déin, a Chríost, in am,
ina mbeatha go léir ó dhaorbhroid daoithe Gall;
smachtaigh na meirligh, féach an chríoch go fann
68   is dalta na hÉireann faonlag cloíte thall.

Mo ghreadadh bróin na dragain chróga scáinte ón gcith,
is na Galla móra i leaba an leoin ón mBlarnain ghil,
gach aicme 'n chóip ler mhaith mo shord mar táid gan chion
72   tug dealbh fós me ar easpa bróg ar sráid aniogh.

5 ———————————

Don Chaptaen Eoghan Mac Cárthaigh

Cneá agus dochar do ghortaigh mo chéadfa,
is d'fhág me i mbrón go deo go n-éagad,
do bhris mo chroí 's me ag caí gan traochadh,
4   do chuir mo radharc gan feidhm is m'éisteacht.

Bá dom thigh — do thit fá néalaibh
laoch mear ceansa, ceann na saorfhlaith;
comhla dhín dom chlainn an té sin,
8   lón a mbídh, a mbrí 's a n-éifeacht.

A gclogad cruaidh, a dtua 's a n-éide,
a sciath chosnaimh roimh ulfairt na bhfaolchon,
a gcrann bagair chun seasamh i bplé thu,
12   a gcruach fá sceimheal de shíor gan bhéim tu.

A ngleacaí thusa in ucht an bhaoghail,
a gCú Chulainn do ghoirm chun réitigh,
a gcomairc i mbearnain námhad go tréan tu,
16   cé gur thitis le Muiris an éithigh.

A mbarc is a mbád 's a n-árthach séin tu,
a leon is a seabhac, a gceann 's a bhféinics,
a lonradh solais i ndoircheacht sléibhe tu,
20   a dtriath ceart 's a meas tar Éirinn.

A gcathmhíle neartbhuíonmhar saordha,
calma cairdiúil fáidhiúil faobhrach,
curata cróga mórga maorga,
24   ríúil reachtmhar rafar réimeach.

Fírdhlitheach forasta foirtil gan aon locht,
sochma soilbhir socair 'na thréithibh,
cliathúil fíontúil saoithiúil béasach,
28   duineata diaga ciallmhar séimhghlic.

Dathúil oscartha cumasach tréanmhar,
d'áighe na bhfear fuair ceannas Éireann,
de shleachtaibh Eoghain Mhóir is Éibhir,
32   is Chais mhic Coirc i ngoil nár traochadh.

Éireamhón na nós is Aonghas,
a bhráthair Mogha, is Conn na gcéadchath,
a mhacsan Art fuair ceannas Éilge,
36   Cairbre is Cas na reacht is Néill Dubh.

A bhráthair Fearghas calma créachtach,
is Iúghaine Mór, an lóithne léanmhar,
Ceallachán Chaisil do chasadar tréimhse,
40   is Brian ler treascradh clanna Tuirgéisius.

Bráthair gaoil do phríomh Uí Laoghaire,
Sheáin an Díomais fhíochmhair éachtaigh,
Aodha mhic Coinn nár cloíodh in aon dul,
44   do rug a bhuíon tar toinn in éineacht.

Is fíor le n-amharc in annalach Éireann
gur tu an ceap de shleachtaibh déa-oinigh,
triath na Mainge, an Chairn 's an tSléibhe,
48   ón Dá Chích go fíoraíbh Sléibhe Mis.

A bhráthair úir na mBúrcach éachtach,
Uí Chonchúir fuair clú le daonnacht,
Uí Dhónaill nár leonadh ar aon chor,
52   is Uí Ruairc chlúmhail na lúireach ngléigeal.

Bráthair gar do Mhac Uí Néill tu,
bráthair gairid Uí Cheallaigh 's a chéile,
bráthair glún don Phrionsa Séamas,
56   de réir mar cantar i saltair na saorfhlaith.

Bráthair Dhónaill Chróin ó Bhéarra,
is Chlann tSuibhne do bhí 'na laochaibh,
Dhónaill Chaim nár fhill ó aon chath,
60   is Dhónaill ghroí, ceann díreach Éireann.

Bráthair d'ardshliocht Uí Réagáin,
bráthair fir Chinn Toirc na gcaolta,
bráthair Duibh de shliocht an Ghaortha,
64   is Mhic Fhínín dob fhíorlaoch aonair.

Bráthair fial do Niall na gcaol-each,
is na naoi ngiall do riar ar Éirinn,
bráthair dian na mBrianach aosta,
68   Mhic Phiarais is tiarna na nDéiseach.

Bráthair fine Mhic Mhuiris ón mBéil-lic,
is ridire ó chois Sionna na gcaolbharc,
Mhic Mhaolmhuaidh na ruag ba thréanmhar,
72   is Uí Dhonnchú an Rois fuair titim taobh leat.

Bráthair mór don Róisteach shéimh tu,
bráthair gairid an Bharraigh 's a ghaolta,
bráthair Ghearailt de mhaithibh na nGréagach,
76   bráthair seabhaic Bhun Raite na nglé-gha.

Bráthair fíor Uí Chaoimh gan aon locht,
is Mhic Fhínín bhuaigh ón Ruachtaigh ngléighil,
Uí Cheallacháin Chluana b'uasal tréitheach
80   is clanna Ghuaire dhuaisigh dhéircigh.

Bráthair churaí Chineál mBéice,
is Mhic Amhlaoibh na leabhairscríob éachtach,
Thaidhg gan cháim do bádh san tréantsruith,
84   is Thaidhg Mhic Cárthaigh ó chlár Loirc Éibhir.

Thaidhg Uí Cheallaigh ó Eachroim éachtaigh,
is Thaidhg an Mhullaigh fuair urraim ó éigsibh;
gach Tadhg bhí taibhseach ba ghaol duit,
88   a bhráthair oidhre Thaidhg mhic Séafra.

Bráthair Chúrsaigh lúbaigh éachtaigh,
is tiarna Mhúscraí an chúil bhuí phéarlaigh,
tiarna Ghlinn an Chroim fuair réimheas,
92   is tiarna an Chairn is Chairbreach taobh leat.

Is trua do thalamh ag clanna na gcaorach,
dá roinn eatarthu in aisce gan éiric,
stéig fána uillinn de ag Muiris an bhréide,
96   stéig na tubaiste ó Mhuiris de ag Éamann.

Túis mo rúin, is dubhach 's is déarach,
trúig is cúis trér thionscnas éad ris,
tré bhriseadh na saoithe bhfíochmhar dtréitheach,
100   cuirfid na cinn sin linn, is baol do.

Do-ghní Seoirse móirchreach aonair,
mar mhac Cumhail i dtús na Féinne,
do-ghní Muiris le dlithibh a dhaoradh,
104   is glór binn dá gcuibhreach ag Éamann.

An méid nár fionnadh le himirt na meirleach,
do chreach Mac Craith ar mhair den tréada
le hór an diabhail dá riar gan daonnacht,
108   is an fiús go dúbalta dá éileamh.

An té bhí acu anuraidh i gcumas na tréine,
atá i mbliana ag iarraidh déirce,
do fúigeadh dís dár mbuín gan aon phreab,
112   fuil a gcroí 's a gclí dá taoscadh.

Cailliúin Sheáin nár stán ó bhréagaibh,
do chuir Eoghan go deo fá néalaibh,
ina dhíbeartach fhíorlag go traochta,
116   is a thithe 'na smúdar brúite ar aonbhall.

Ba mhinic 'na dhúntaibh údair aosta,
draoithe is dáimh is baird is éigse,
filí is cliar dá riar in éineacht,
120   is eaglais Chríost de shíor dá n-éileamh.

Ba mhinic cuideachta imeartha taobh leis,
saoithe ceoil go mór dá éisteacht,
scol na maighdean mbraighd ngeal mbéasach,
124   coin is gadhair 'na theigheas is laochra.

Ba mhinic 'na hallaíbh fastaím léimneach,
lúth is rince is aoibhneas aerach,
ceolta suairce is fuaim chrot téadach,
128   ina áras ríoga ríúil saordha.

Fíontúil ómrach lómrach dréimneach,
ina rabhadar starthacha ar sheanchas Éireann,
dánta diachta is draíochta déithe,
132   is dream nach ollaimh do thogradh Gaeilge.

San tan do mhair an fear den tréada,
do chíor, do stoll a gcorp 's a n-éadach,
do scaoil chúchu trúip na bhfaolchon,
136   do bhrúigh, do mhill a mbaill 's a gcéadfa.

A Dhia tá ar neimh do-chluin na scéalta,
a Rí na bhfeart 's a Athair naofa,
créad fár fhuilngis a ionad ag béaraibh,
140   a chíos acu is é singil 'na éagmais?

Do chaígh Sol go docht an t-eirleach,
do ghoil Luna srutha déara,
Boreas cruaidh aduaidh ag séideadh,
144   an fad tá Muiris i gcumas san taobh so.

Ar dhíbirt Eoghain go toirseach tréithlag,
do ghoileadar sruthanna saora:
an Mháigh 's an Leamhain fann gan faoiseamh,
148   an Chárthach, an tSláine is an Chlaodach.

Abhainn Chill Criadh, ba chian a caolscread,
ag síorghol 's ag caoineadh a céile,
bruach na Lice ar buile is an Fhéile,
152   is an Gháille ag dáil ghoil 'na haonar.

An Ghaoi go dubhach 's an tSiúir ag géimnigh,
is Sionainn chlainne Loirc na gcaol-each,
an Mhaing gan sláinte fá na scéala,
156   cois Laoi is an Bhrídeach go héadmhar.

Fionnashruth is Fleasc ar easpa céille,
abhainn Targhlan faoi scamaill is Éirne,
abhainn Dálua 's an Chuanach traochta,
160   Bearbha go fadchumhach id dhéidhse.

Níor fhág an Chróinseach deoir gan spréachadh,
faoi ardaibh bómhar bóchna Bhéarra,
an Ruachtach go buartha is í ag géimnigh,
164   abhainn Dá Chích 's a daoine tréithlag.

Ní raibh síbhean díobh i mbéillic,
ó Dhún Chaoin go híochtar Éirne,
ó Inis Bó go teorainn Bhéarra,
168   nár leig deora móra ar aonbhall.

Ar dteacht Mhuiris tug uile 'na cheird chirt,
ba chlos gáir ag mnáibh ar thaobh Toirc,
ba chlos uaill ar uachtar Sléibhe Mis,
172   is dhá thaobh Mainge dá freagairt go léanmhar.

Bean tsí an Rois ag sileadh déara,
is bean tsí bhán na Blarnan taobh riot,
bean tsí an Ghleanna 'na labhraid éanlaith,
176   is seacht mná sí ar an gCích gan traochadh.

Do ghlac fanntais dream an Bhéarla,
do shíleadar go bhfillfeadh chugainn Séamas,
an tan do scread an Leac fád scéala,
180   an Lia Fáil 'na lár ag géimnigh.

Do ghoil Clíona tríd na scéaltaibh,
do ghoil Úna i nDurlas Éile,
do ghoil Aoife i síbhrog Fhéilim,
184   do ghoil Aoibheall tríd an Léithchraig.

Do ghoil go trua an Ruachtach, caolbhean,
do ghoil Áine in áras Gréine,
do ghoileadar ocht n-ochtair ar aon loch,
188   do ghoil ainnir an Chairn 's an tSléibhe.

Bean tsí Dhúna Gaill ag géarghol,
bean tsí i dTeamhair ar easpa is í céasta,
bean tsí in Eochaill fós gan faoiseamh,
192   is bean tsí i gCeapach Choinn na nDéiseach.

Bean tsí fós go deorach éadmhar,
i mBaile Uí Chairbre, ainnir ded shaorshliocht,
Baisleacán i gcreathaibh báis fád scéala,
196   is an tÉan Fionn i bhfiontar éaga.

D'éis gur chaíodar coillte is caolta,
do loisc mo chroí, do mhill, do chéas me
an bhraighdgheal ó Fhaidhribh na saorfhlaith
200   do bheith ag gol gan sos 'na haonar.

Ag greadadh a bas 's ag staitheadh a céibhe,
ina gcaor ndearg a dearca gan traochadh,
a craiceann geal ar fad 'na chréachtaibh,
204   is folach síoda a clíchoirp réabtha.

D'éis gur choisceadar sruthanna ag géimnigh,
coillte, corrachnoic ghorma is faolchoin,
ríon Fíonscoth ag síorghol 'na haonar,
208   do chuir m'intleacht trína chéile.

Fochtaim cúis is trúig a déara,
den tsoilsigh ó Fhaidhribh na saorfhlaith:
créad an bás, an t-ár nó an t-éigean
212   trénar mhill a baill 's a héadach?

D'fhreagair Fíonscoth sinn go héadmhar,
le glór doilbh, cidh follas in éifeacht:
'tá a shárfhios agatsa, dearbh mo scéalta,
216   is go dtig nimh 'na sruith óm chréachtaibh.

Is a liacht flaith de mhaithibh Néill Duibh,
fiagaí is fáidh is páiste béasach,
mná uaisle nár ghruama is daoine aosta,
220   do chuaigh de dhíth an bhídh 's an éadaigh.

Gur díbreadh an rí ceart go claonmhar,
easpaig, sagairt, abaidh, cléirigh,
bráithre diaga is cliar na déirce,
224   agus uaisle na tuaithe le chéile'.

D'inseas go fíor di brí mo scéalta:
go raibh Eoghan fós gan bhaoghal,
a thalamh má bhí dá dhíth go mb'fhéidir
228   a fháil do arís le linn an réics chirt.

Táid créachta Sheáin go hard ag éamh air,
ag lonramh fiontair 's ag sméideadh,
ag screadaigh fós ar Eoghan go héigneach,
232   ag iarraidh fola do dhortadh 'na éiric.

Oirfin fós tug leonadh léin air,
Ruairí is Seon, mic Ómais Éigir,
Seán is Diarmaid riamh ba bhréagach,
236   Muiris 's an dís tug scaoileadh tréan air.

Is brónach anois le cur i nGaeilge
an ceo so thit 'na chith ar Ghaelaibh,
is ar gach aicme de chlanna Mhiléisius —
240   an méid díobh d'iompaigh re Liútar a n-éide.

Do cuireadh anonn tar srúill ár gcléir mhaith,
do cuireadh ar díbirt choíche Séamas,
do cuireadh fá smacht ar mhair den tréada,
244   is do cuireadh Eoghan fá bhrón, mo ghéarghoin.

Agraim Íosa Críost dom éisteacht:
an ceo so ar Eoghan go fóill do thraochadh,
aiseag a bheatha do thabhairt do ar aonbhall
248   ó Shuí Finn go fíoraíbh Sléibhe Mis.

Uisce na Mainge, Leamhain, Laoi 's Claodach,
snaidhmid le srathaibh scair le linn Léim Toirc,
Fionnashruth, Fleasc is caise an Mhaoir géimid
252   roimh Mhuiris do theacht isteach le Clainn Éigir.

Titim na bhflatha meara bhfíorlaochta
le n-uimhir na namhad neartmhar ngnímh-éachtach,
dlithe na bhfear ler leagadh rí Séamas
256   tug Muiris isteach gan cheart le Clainn Éigir.

Ionad mo shean le seal in Uíbh Laoghaire,
is titim na bhfear san treas le rí Séamas,
Muiris do theacht isteach le Clainn Éigir
260   tré gcuimlim bas dom namhaid fhíréachtaigh.

An Ceangal

Mar thiteas gach dochar le sochar do ritheas 'na dheáidh,
fionnadh gach toraidh an olann, an duille is an bláth,
ní duine ná ochtar, ach cogadh na rithe de ghnáth
264   tug muileann an droichid 's an eochair do Mhuiris 'na láimh.

6 _____

Marbhna Sheáin Brún

Tásc tré sreathaid dearca deora,
fáth tré bhfeacaid cranna is córrchnoic,
cás tré gcreathaid flaithis mhórga,
4   Seán mac Vail sa bhfeart ar feochan.

A bháis, do mheallais leat ár lóchrann,
fál ár n-arbhair, ár mbailte is ár dteoraibh,
garda ár dteach, ár mban, ár mbólaigh,
8   ár scáth roimh sceanaibh feannta foirne.

Ár sciath dhín, ár rí 's ár rófhlaith,
ár gclogad cruaidh go buan i gcomhlann,
ár ngrian gheimhridh, ár soilse, ár n-eolach,
12   ár gcrann bagair, ár dtaitneamh, ár nglóire.

Ár dtor daingean re namhaid, ár gcrógacht,
ár mbád, ár mbarc, ár maise, ár mbeogacht,
ár gciall, ár radharc, ár bhfeidhm, ár mórchion,
16   ár ngnaoi 's ár méin, ár ngné 's ár sóchas.

Ár nOscar teann, ár labhra, ár nglórtha,
ár bhféinics mullaigh, ár gcuradh, ár gcóthrom,
ár n-airm chun seasaimh le fórlucht,
20   ár Saesar tréan, ár réilteann eolais.

Monuar an tír fá scíos id dheoidhse,
is iad gan triath ach Dia na glóire,
ár gcoillte dá síorscrios le fórsa,
24   is liannaibh i mbliana id dhoirse.

Atá Maigh gCoinche go singil gan nóchar,
tá Cill Airne cásmhar deorach,
dhá thaobh Mainge fé Ghallaibh gan teora,
28   Sliabh Luachra i nguaiseacht tréd thoirneamh.

An uair do rith an mhuir thar córtas,
an tan do bhris Loch Goir fá mhóintibh,
ar ghéim an Rois do chrith an chóige,
32   tréimhse roimh a dhul ar feochan.

Do rith néal ón spéir ar Eoghanacht,
do thit ar Phoebus éiclips comhdhubh,
do bhí an ré 's an t-aer go brónach,
36   is Léinloch ag géimrigh dá fhógra.

Do bhí an Laoi dá chaí 's ba chóir di,
is Dún Baoi na laochra rónirt,
Dún Deaghaidh go frasach i ndeoraibh,
40   is Dún Aonair créachtach toirseach.

An ghuaiseacht so ar Thuamhain do bhreoigh me,
is an buaireamh so ar Chluain na n-óighbhreith,
Béarra go déarach dá fhógairt,
44   dá éileamh gur scéigh sin dá phóraibh.

I mBun Raite do thaistil an mhórscol,
i mBun Robhair ba throm na geonta,
i gCnoc Áine d'ardaigh mórghol,
48   is tá Cnoc Bréanainn traochta i ndeoraibh.

Ní hé an gol so is doichte bhreoigh me,
ach gol na finne bhí agat mar nóchar,
gol na gile ler snaidhmeadh go hóg tu,
52   d'fhuil an diúic, dá chrú 's dá chóngas.

Gol an Bhrúnaigh chúntaigh chróga,
atá i Londain fé dhúsmacht foirne,
gol a chlainne, táid uile go brónach,
56   is dianghol Mháible is cráite deorach.

Gol na droinge ler hoileadh tu it óige,
de phréimh na rithe ba chumasach cróga,
laochra ba laochais i ngleobhroid,
60   de shleachtaibh Chéin fuair réim dhá chóige.

A chomhalta chléibh na saorfhlaith mórga,
na Laoghaireach bhí ag Éirinn pósta,
is na ndream de cheanntsliocht Eoghain
64   dar dhual géilleadh an tSléibhe is an Tóchair.

Liacht a ghaolta — is céim a gcomhaireamh —
de ghriaintsliocht Éibhir, Néill is Eoghain;
is ná raibh aon de réacsaibh Fódla,
68   gan a ghaol gan bhéim fá dhó leis.

Is an méid de Ghallaibh ba fearga fórsach,
a laochra, a bhflatha, a maithe, a leoghain,
nár ghéill d'achtaibh na Sacsan gan gleochur,
72   go tréan tar farraige scaipeadh a mórfhuil.

Iarla fairsing Chill Dara na gcóisreach,
an t-iarla ón Daingean, an Barrach 's an Róisteach,
an t-iarla ó Thallaibh ba thaca le comhrac,
76   an t-iarla ón gCathair is flatha Dhún Bóinne.

An Cúrsach san choncas ba thóisce,
triath Chille Chainnigh 's an ridire ródhil,
triath na Lice, Mac Muiris, 's a chóngas,
80   is an triath ó Inis Bó Finne na gceolta.

Ábhar uabhair, buartha is brónghoil,
athnuadh loit is oilc gan teora,
méadú dian ar chiach san gcóige,
84   cíos bhur bhfearann ag Asgill dá chomhaireamh.

An dara cás do chráigh an chóige,
Gríofa is Tadhg i bhfeidhm 's i mórtas,
ler díbreadh ár saoithe mórga
88   as a bhfearannaibh cairte agus córa.

Is díthchreach bhur gcoillte ar feochan,
is mailís Thaidhg ag adhaint mar smól dubh,
gan amhras tá a cheann is a thóin leis,
92   ón ló d'imigh sciath-urra na slóite.

Tuirse croí don tír tu ar feochadh,
a ghéag de phríomh na míle mórga,
is tu ár ndíon ar ghaoith na bóchna,
96   ó díbreadh an rí ceart le fórlucht.

Do bhís-se ceansa d'fhann nó rólag,
do bhís-se teann le teann gan rócheart,
níor thu an santach cam cas mórga,
100   ach triath do mheabhraigh feabhas gach sómpla.

Aitchim Dia go dian id chóisir,
an Spioraid Naomh go tréan 's an Mórmhac,
ógha agus apstail is aingil 'na slóitibh,
104   dod choimhdeacht go ríoghacht na glóire.

An Feartlaoi

Fén lic seo is dubhach dlúthchurtha an féinics Gaoidheal,
curadh clúmhail, Cú Chulainn, Saesar groí,
bile búidh gnúistsoithimh aerach caoin,
108   de chuislinn úir Bhrúnaigh 's de phéarla ón Laoi.

Curadh Mumhan fútsa tá traochta, a líog,
curtha in úir, trúig ghoil go tréan don tír,
ciste oird, údar ba ghéar san dlí,
112   an buinne cúil cumhra de phréimh na rí.

A leac is nár go brách do mhioscais-se linn,
fá thlacht an bhrátha d'fhág san singil ár gcinn,
creach is crá na mná sin agat, a líog,
116   Vail is Seán ó táid féd bhroinnibh 'na luí.

7 ———

Aisling Aogáin Uí Rathaille

Maidean sul smaoin Títan a chosa do luail
ar mhullach cnoic aírd aoibhinn do lodamair suas,
tarrastar linn scaoth bhruinneal soilbhir suairc —
4   gasra bhí i Sí Sainbh, solasbhrog thuaidh.

Fearastar scim dhraíochta nár dhorcha snua
ó Ghaillimh na líog lígheal go Corcaigh na gcuan,
barra gach crainn shíorchuireas toradh agus cnuas,
8   meas daire ar gach coill, fírmhil ar chlochaibh go buan.

Lastathar trí coinnle go solas ná luaim
ar mhullach Cnoic Dhoinn Fírinne Conallach Rua,
leanastar linn scaoth na mban gcochall go Tuamhain,
12   is fachtaimse dhíobh díogras a n-oifige ar cuaird.

D'fhreagair an bhríd Aoibheall nár dhorcha snua
fachain na dtrí gcoinnle do lasadh ar gach cuan:
'in ainm an rí dhíograis bheas againn go luath
16   i gceannas na dtrí ríochta is dá gcosnamh go buan'.

As m'aisling do shlimbhíogas, do loiteas mo shuan,
is do mheasas gurbh fhíor d'Aoibheall gach sonas dar luaigh;
is amhlaidh do bhíos tinnchreathach doilbhir duairc,
20   maidean sul smaoin Títan a chosa do luail.

8 _____

Mac an Cheannaí

Aisling ghéar do dhearcas féin im leaba is mé go lagbhríoch:
ainnir shéimh darbh ainm Éire ag teacht im ghaobhar ar marcaíocht,
a súile glasa, a cúl tiubh casta, a com ba gheal 's a mailí,
4   dá mhaíomh go raibh ag tíocht 'na gar le díograis, Mac an Cheannaí.

A beol ba bhinn, a glór ba chaoin, is róshearc linn an cailín,
céile Bhriain dar ghéill an Fhiann, mo léirchreach dhian a haicíd;
fá shúistibh Gall dá brú go teann, mo chúileann tseang 's mo bhean ghaoil,
8   beidh sí 'na spreas, an ríbhean deas, go bhfillfidh Mac an Cheannaí.

Na céadta tá i bpéin dá grá le géirshearc shámh dá cneas mhín,
clanna ríthe, maca Mhíle, dragain fhíochta is gaiscígh;
gnúis ná gnaoi ní mhúsclann sí, cé dubhach fá scíos an cailín,
12   níl faoiseamh seal le tíocht 'na gar go bhfillfidh Mac an Cheannaí.

A ráite féin, is cráite an scéal, mo lánchreach chlé do lag sinn,
go bhfuil sí gan cheol ag caí na ndeor 's a buíon gan treoir gan maithghníomh,
gan fiach gan feoil, i bpian go mór 'na hiarsma fó gach madaí,
16   cnaíte lag ag caí na ndearc go bhfillfidh Mac an Cheannaí.

Adúirt arís an bhúidhbhean mhíonla ó túrnadh ríthe chleacht sí,
Conn is Art ba lonnmhar reacht, ba foghlach glac i ngleacaíocht,
Críomhthainn tréan tar toinn tug géill is Luighdheach mac Céin an fear groí,
20   go mbeidh sí 'na spreas gan luí le fear go bhfillfidh Mac an Cheannaí.

Do-bheir súil ó dheas gach lá fá seach ar thráigh na mbarc an cailín,
is súil dheas soir go dlúth tar muir, mo chumha anois a haicíd,
a súile siar ag súil le Dia, tar tonntaibh fiara gainimhe,
24   cloíte lag, beidh sí gan phreab go bhfillfidh Mac an Cheannaí.

A bráithre breaca táid tar lear, na táinte shearc an cailín,
níl fleadh le fáil, níl gean ná grá ag neach dá cairdibh, admhaím;
a gruanna fliuch, gan suan gan sult, fá ghruaim is dubh a n-aibíd;
28   is go mbeidh sí 'na spreas gan luí le fear go bhfillfidh Mac an Cheannaí.

Adúrtsa léi, ar chlos a scéil, i rún gur éag do chleacht sí,
thuas sa Spáinn go bhfuair an bás 's nár thrua le cách a ceasnaí;
ar chlos mo ghotha i bhfogas di chorraigh a cruth 's do scread sí,
32   is d'éala an t-anam d'aonphreib aisti — mo léansa an bhean go lagbhríoch.

9 ⸻

Ar Dhonncha Ó hIcí

Tréig do thalamh dúchais,
déin ar choiste Londan,
ag seachain mhóide an angair
    do chuir do thír fá bhrón.

4

Cuir do dhóchas cuimse ann —
Críost do Thiarna díleas —
ná tabhair ar bheatha an tsaoil so
    an tsíoraíocht tá id chomhair.

8

Fillfidh Dia do dhíbirt
tar éis gach iompó tíre,
is leagfaidh sé do naimhde
    do chuir tu ód chóir.

12

10 _____

Tairngreacht Dhoinn Fírinne

An trua libh na faolchoin an éithigh 's an fhill dhuibh
ag ruagairt na cléire is dá léirchur fá dhaoirse?;
monuarsa go tréithlag mac Shéarlais ba rí againn,
4   in uaigh curtha 'na aonar 's a shaordhalta ar díbirt.

Is truaillithe claonmhar 's is tréasan don droing oilc,
cruamhionna bréige fé shéala is fé scríbhinn,
dá mbualadh le béalaibh ár gcléire is ár saoithe,
8   is nár dhual do chlainn tSéamais coróin tsaor na dtrí ríochta.

Scaipfidh an ceo so de phóirshleachtaibh Éibhir,
is stadfaidh an toirnech re foirneart na gréine,
an tImpre beidh deorach is Flóndras fá ghéarsmacht,
12   is an Brícléir go mómhar i seomra rí Séamas.

Beidh an bíobla sin Liútair 's a dhútheagasc éithigh,
is an bhuíon so tá ciontach ná humhlann don chléir chirt,
dá ndíbirt tar triúchaibh go Newland ó Éirinn —
16   an Laoiseach 's an Prionsa, beidh cúirt acu is aonach.

Beidh Éire go súgach 's a dúnta go haerach,
is Gaeilge dá scrúdadh 'na múraibh ag éigsibh,
Béarla na mbúr ndubh go cúthail fá néaltaibh,
20   is Séamas 'na chúirt ghil ag tabhairt cheana Ghaelaibh.

II _____

Gile na Gile

Gile na gile do chonarc ar shlí in uaigneas,
criostal an chriostail a gormroisc rinn-uaine,
binneas an bhinnis a friotal nár chríonghruama,
4   deirge is finne do fionnadh 'na gríosghruannaibh.

Caise na caise i ngach ribe dá buíchuachaibh,
bhaineas an chruinne den rinne le rinnscuabadh,
iorra ba ghlaine ná gloine ar a broinn bhuacaigh,
8   do gineadh ar ghineamhain dise sa tír uachtraigh.

Fios fiosach dom d'inis, is ise go fíor-uaigneach:
fios filleadh don duine don ionad ba rídhualgas,
fios milleadh na droinge chuir eisean ar rinnruagairt,
12   is fios eile ná cuirfead im loithibh le fíor-uamhan.

Leimhe na leimhe dom druidim 'na cruinntuairim,
im chime ag an gcime do snaidhmeadh go fíorchruaidh me,
ar ghoirm Mhic Mhuire dom fhortacht, do bhíog uaimse
16   is d'imigh an bhruinneal 'na luisne go Bruín Luachra.

Rithim le rith mire im rithibh go croíluaimneach,
trí imeallaibh corraigh, trí mhongaibh, trí shlimruaitigh;
don teinnebhrog tigim, ní thuigim cén tslí fuaras,
20   go hionad na n-ionad do cumadh le draíocht dhruaga.

Brisid fá scige go scigeamhail — buíon ghruagach
is foireann de bhruinneallaibh sioscaithe dlaoichuachach,
i ngeimhealaibh geimheal me cuirid gan puinn suaimhnis,
24   is mo bhruinneall ar broinnibh ag broinnire broinnstuacach.

D'iniseas dise, sa bhfriotal dob fhíor uaimse,
nár chuibhe di snaidhmeadh le slibire slimbhuartha,
is an duine ba ghile ar shliocht chine Scoit trí huaire
28   ag feitheamh ar ise bheith aige mar chaoin-nuachar.

Ar chloistin mo ghutha di, goileann go fíor-uaibhreach,
sileann an fhliche go life as a gríosghruannaibh,
cuireann liom giolla dom chomairc ón mbruín uaithi —
32   sí gile na gile do chonarc ar shlí in uaigneas.

An Ceangal

Mo threighid, mo thubaist, mo thurainn, mo bhrón, mo dhíth!
mo shoilseach mhuirneach mhiochairgheal bheoltais chaoin
ag adharcach foireanndubh mioscaiseach coirneach buí,
36   is gan leigheas 'na goire go bhfillid na leoin tar toinn.

12 ———————

Ar Bhás Mhuircheartaigh Uí Ghríofa

A bháis do rug Muircheartach uainn,
　　ródhéanach an uain do chách;
fuadaigh go prap Tadhg don chill,
4　　a dheighilt leis ní cuí go brách.

Go brách, a ghairbhleac, caigil le dúthracht síos
an fánach fleascaigh ler creachadh go dubhach an chríoch,
i gcás go bpreabfadh a bhachallsan chúghainn aníos,
8　fáisc go daingean a mhagairle is brúigh a chroí.

Croí gan atrua gan taise,
　　eiriceach fuair bás bíogtha,
ní leor ifreann dá phianadh —
12　　Muircheartach iallmhear Ó Gríofa.

Ó Gríofa ar shruithibh Styx go faonlag fann,
is na mílte bruinneall aige ar thaobh den abhainn,
a smísteach boid fá lic is daol dá scrabhadh,
16　príomhchoin oilc le nimh dá dhaoradh is deamhain.

Deamhain ifrinn de ruaig
　　thug dath an ghuail ar a ghné,
d'iaigh Peadar an doras roimhe
20　　's do chuaigh síos go tigh na ndaor.

Ó dhaorais sliocht Éibhir dob fhoirfe clú,
is le caomhchumann cléire gur chuiris do chúl,
ó shéanais mac Shéamais le foirm na mionn,
24　a phéist oilc, ní léan liom in ifreann tú.

Féd ghoile tá, a ramhairleac, amhas tar Sionainn tháinig,
péist chruinnithe geall na bhfann mbocht mbriste gcráite,
péac choirpe mheall gach seangbhean chuige tharlaigh,
28　is béal cliste chun meann do thabhairt i gcoinne an phápa.

Maor cuthaigh an cheantair d'fheallscrios cine Chárthach,
is caomhionad an tseabhaic ón Leamhain dá ngoirthear Párthas,
daor-ifreann thall na nGall so chuige tharlaigh —
32   sé troithe go gann de theampall Chille hAirne.

13 ————————

Burdúin

(a)

A choisí, beir m'uiríoll go Daingean Uí Chúis:
go bhfuil Ristín 's a thruipí thar farraige chúghainn,
go mbeidh Muilín is Deiní is Carraic go dubhach,
4   ag cur buinní as a n-inníbh is fairsinge mhúin.

(b)

Abigil Brún a dúirt ná féadfainnse
ainm an Phrionsa a thabhairt in aontaibh di:
cuir ceathair ar dtúis is dúbail aon air sin
4   is i dteanga na n-údar múinte glaoigh ar luich.

(c)

Deirim is ní cheilim ort, a Rí na ngrás,
go bhfuil peiribhig is eireaball ar Dhiarmaid Bhán,
a leite aige go deireanach 's a liach 'na láimh,
4   is a bhreillephus ar meillechrith ag iarraidh dáin.

(d)

Ní féile ná daonnacht is ainm don abhainn,
ach meirleach tá ag scéachtaint ó imeall na mbanc,
anois ó bheir Mac Dé dom féin filleadh anall,
4   ní léan liom gan bheith ar aonach an leasa san tall.

14 ——————

Buachaill Ristird

Mo ghreadadh go cruaidh mé duairc ag druidim le haois,
gan leastar, gan chruach, gan chuallacht thigeas le cíos,
gan seasamh san uaisle in uachtar inis Loirc Fhlainn,
4   is go dtaga dár bhfuascailt buachaill Ristird arís.

Tá an Eaglais ruaigthe ó chuantaibh imill na gcríoch,
is gach mainistear uaigneach le mórsmacht fhuinnimh an dlí,
gan caitheamh ar shuairceas duan ag foireann an ghrinn,
8   is go dtaga dár bhfuascailt buachaill Ristird arís.

Cé fada mé i nguais gan cuan chun comairce dín,
is mé am stracadh gan trua ag scuaine buile seo an fhill,
breaba dhá lua gach Luan ag briseadh mo chroí,
12   is go dtaga dár bhfuascailt buachaill Ristird arís.

Aitchimse an tUan fuair bualadh is briseadh dár dtaoibh
go bhfeiceadsa an uair le ngluaisid tuilte thar toinn,
gasra shluaitibh, bua agus bise acu i mbruín,
16   ag tabhairt dár bhfuascailt buachaill Ristird arís.

Dá mhéid gach scála bán do thagas im shlí
de bheoir an Mhárta im láimhse, d'uisce nó d'fhíon,
d'ólfainn lán i gcás go dtitfinnse thríd
20   faoi thuairim sláinte pháiste Ristird arís.

15 ————————

Caisleán an Tóchair

Do shiúlaigh mise an Mhumhain mhín,
is ó chúinne an Doire go Dún na Rí,
mo chumha níor briseadh cér shúgach sinn
4   go feicsint broig Thaidhg an Dúna.

Do mheasas im aigne is fós im chroí,
an marbh ba mharbh gur beo do bhí:
ag carbhas macra, feoil is fíon,
8   puins dá caitheamh is branda.

Feoil de bhearaibh is éanlaith ón dtoinn,
ceolta is cantain is craos na dí,
rósta blasta agus céir gan teimheal,
12   conairt is gadhair is amhastrach.

Drong ag imeacht is drong ag tíocht
is drong ag reacaireacht dúinn go binn;
drong ar shalmaibh úra ag guí,
16   is ag leá na bhflaitheas go ceansa.

Nó go bhfuaras sanas ó aon den chúirt
gurb é Warner ceannasach séimh glan subhach
do bhá san mbaile gheal aosta chlúmhail —
20   flaith nárbh fhann roimh dheoraí.

Sé Dia do chruthaigh an saoghal slán,
tug fial in ionad an fhéil fuair bás,
ag riar ar mhuirear, ar chléir, ar dháimh —
24   curadh nach falsa mórchroí.

16 ———

Tionól na bhFear Muimhneach

Ag siúl dom ar bhruíonta na Mumhan mórthimpeall do chuamair
   sa ngeimhreadh ghabh thorainn,
do bhí Tuathal Ó Rinn ann, is Guardal Ó Cuinn ann, is sluaite
   bhfear Muimhneach 'na bhfochair;
do bhí druadha agus draoithe ann, uaisle agus ísle 'na n-uaine,
   a mbuí agus a ngorm,
4   is gan ruainne ar an mbuín sin anuas ach brait síoda ó chluasaibh
   a maoile go cosaibh.

Do bhí Ó Néill ann, Ó Dónaill, Ó Conchúir 's a shlóite, Mac Cárthaigh,
   Ó Mórdha is Mac Criothain;
do bhí tiarna Thír Eoghain ann, Ó Briain ceart na Bóirmhe, Mac Catháin,
   Mac Códa agus tuilleadh;
trí fichid cóisir, naoi bhfichid seomra, tríochad rí coróineach tar tonna,
8   ach ní raibh rí Seoirse ann, ná aoinne dá phórsan 'nár gcuibhreann,
   'nár gcomhair, nó 'nár gcumann.

Do bhí Brúnach Loch Léin ann is Brúnach na hÉile, an diúic is a
   ghaolta-san uile;
bhí an Búrcach 's an Léiseach, Ó Dubhda is an Céitneach 's an Cúrsach
   fuair géilleadh i gcúige Uladh;
ó Londain tig smeirle caschrúbach an bhéil dhuibh is sú an tobac bhréin
   ar a phlucaibh,
12   chuir spiúnadh ar ár laochra le púdar 's le piléaraibh is cúigear níor
   théarnaigh dár bhfoirinn.

Ó Bhriostó tig ceann cait ag leigheas ar an gcampa, trí hadharca
   agus feam air, mar chluinim;
ní raibh feidhm air, gan amhras, gur scinn orthu clamhaire nó cladhaire
   gan ceann le rí Philib;
leadhbann sé ceann cait le traidhe agus trí bheann air, leigheas air
   ó Fhrancaigh ní rug sin,
16   go síobhraí Chnoic Samhna níor dhíomhaoin dom amhail dul, bíonn
   fíonta agus branda acu an iomad.

Tig an pápa is an chléir cheart i láthair an eirligh 'na láimh dheis
   bhí céir agus coinneal,
tig bláth ar na géagaibh is d'fháiltigh an spéir ghlan roimh ghrása
   Mhic Dé do theacht chugainn;
tig an Fánaí gan aon locht, cé ráitear leis bréaga, 'na lánchumas
   caomhghlan dá ionad,
20   báfaidh sé an tréada thug táir agus béim do is ní ráimse ansúd
   aon druid 'na choinnibh.

17 ——————

Os Leaba a Bháis

Cabhair ní ghairfead go gcuirthear me i gcruinnchomhrainn,
dar an leabhar, dá ngairfinn níor ghairede an ní dhomhsa;
ár gcodhnach uile, glac-chumasach shíl Eoghain,
4   is tollta a chuisle agus d'imigh a bhrí ar feochadh.

Do thonnchrith m'inchinn, d'imigh mo phríomhdhóchas,
poll im ionathar, biorannaibh trím dhrólainn,
ár bhfonn, ár bhfothain, ár monga is ár míonchóngair
8   i ngeall re pingin ag foirinn ó chríoch Dóbhair.

Do bhodhar an tSionainn, an Life is an Laoi cheolmhar,
abhainn an Bhiorra Dhuibh, Bruice agus Bríd, Bóinne,
com Loch Deirg 'na ruide agus Toinn Tóime,
12   ó lom an cuireata cluiche ar an rí coróineach.

Mo ghlam is minic is silimse sírdheora,
is trom mo thubaist 's is duine me ar míchóthrom,
fonn ní thigeann im ghaire is me ag caí ar bhóithre
16   acht foghar na muice nach gontar le saigheadóireacht.

Goll na Rinne, na Cille agus chríoch Eoghanacht,
do lom a ghoile le huireaspa ar díth córach;
an seabhac gá bhfuilid sin uile is a gcíosóireacht,
20   fabhar ní thugann don duine, cé gaol dósan.

Fán dtromlot d'imigh ar chine na rí mórga
treabhann óm uiseannaibh uisce go síorghlórach;
is lonnmhar chuirid mo shruithibhse foinseoga
24   san abhainn do shileas ó Thruipill go caoin-Eochaill.

An Ceangal

Stadfadsa feasta: is gar dom éag gan mhoill
ó treascradh dragain Leamhan, Léin is Laoi;
rachad 'na bhfasc le searc na laoch don chill —
28   na flatha fá raibh mo shean roimh éag do Chríost.

18 _____

Ar Bhás Triúir Clainne Thaidhg Uí Chróinín

Do ghéis an Ráth Mhór, do réabadh a seoil,
do léanadh a séan sin, do phléasc tigh a bróin,
do léirchuireadh ceo nach léir dom an fód
ar a haolbhrog dob fhéile, cás déarach mo sceol;
do béimscriosadh fós le tréantuile mhóir
a gréithe is a séada is a caolach 's a ceol,
do léimrith an smól 'na héadan, do dhóigh
8   a caomhchuilte daora is a saorchoirn óil.

Ciach ghoirt is treighid is pianghoin gan leigheas,
dianchreach san iarthar is fiabhras dubh tinn,
mian ghoil gan meidhir, cliabhthuirse is tadhm,
Iaibhlín i gcria chille, Diarmaid is Tadhg;
a Dhia d'fhuiling creill is rianloit an Daill,
dod niamhbhrog leat riaraigh an triar so fá ghreim;
ciall rad go saidhbhir dá bhfial-athair, gaidhim,
16   go bhféadfadh sé sléachtadh dod Dhiathoil, a radhairc.

Trí phéarla gan teimheal ba séimh-oilte slí,
trí réchoinnil ghréine, trí aonghasta i ngníomh,
trí déasa nár chlaon, níorbh aosmhar in aois,
trí réaltanna i dtréithe is i léanntacht gan phoimp;
trí téada ba bhinn, trí créachta san tír,
trí naomhleinbh naofa, tug géirshearc do Chríost,
a dtrí mbéil, a dtrí gcroí, a dtrí saorchoirp fá líg,
24   a dtrí n-éadain ba ghléigeal ag daolaibh is díth.

Trí fíonúir ba chaoin, trí fíorcholúir gan bhaois,
trí príomh-úlla craobh-úr ba ríúil a dtíos,
trí finnstiúir an tí nár chruinndiúltaigh naí,
a dtrí slimchom, a míonghrua do líon dubhach mo chroí;
trí dhíth liom a ndíth, trí chaí cúis mo chaí,
trí haonbhúidh an naomh-oird, trí chlíchumhra bhí,
gur shlíob chúichi an chill trí ghnaoi mhúinte ghrinn,
32   is a Rí, stiúir dod ríchúirt an dís úd 's an t-aon.

19 _____

An Dea-Fháistine don Tiarna Brúnach

Do scaoileadar draoithe agus fáidhí de rímhfhionnas Phádraig is Bhríd
is naomh-Choluim naoimhchirt na ráite bhí líonta de ghrás an Sprid Naoimh:
rífhlaith ar Chill Chais ó dhearlaig do rí Chille hAirne a iníon,
4   dá gclainn mhac gur dhílis an áit sin go dtíodh scrios is trálacht an tsaoil.

Do réamhbhagair Éisias ar Iúdaibh go mbéarfadh an Cumhachtach soin Dia
ón dtréad soin i ngéibheann an t-údar, an caomhbhreitheamh clúmhail is an lia;
go dtréigfeadh sé éadsin trí dhúireacht a gclaonchroí gan umhlaíocht dá riail,
8   séanadh Mhic Dé dá mb'é a gciontaí le faobharneart go ndúscriosfadh iad.

Is mar sin tug Dia cumas dúinne tar éis bheith i gcúngrach go mór,
tiarna agus ardfhlaith is prionsa agus sciath nirt is úrchlogad óir;
gan ciaradh 'na cháilibh, sé an Brúnach an biatach gan cuntas don tsló —
12   iarraim ar Cheardach na ndúilibh a dtriathshliocht do lonramh 'na ndeoidh.

20 _____

Epithalamium

Táid éisc ar na srúillibh ag léimrigh go lúfar,
   tá an t-éiclips gan fiontar ag imeacht,
tá Phoebus ag múscailt 's an t-éasca go ciúinghlan
   is éanlaith na cúige go soithimh;
táid scaoth bheach ag tuirlingt ar ghéagaibh is úrghlas,
   tá féar agus drúcht ar ár mongaibh,
ós céile don Bhrúnach í réaltann na Mumhan,
8   is gaol gar don diúic ó Chill Chainnigh.

Tá bíogadh i ngach támhlag is groíchnoic go láidir,
   sa ngeimhreadh thig bláth ar gach bile,
Cill Chais ó tharlaigh i gcuibhreach go grámhar
   le rí Chille hAirne, ár gcuradh;
tá an rífhlaith 'na ghardaibh ar íslibh 's ar ardaibh
   's na mílte dá bhfáiltiú le muirn,
tá an taoide go hámhrach is coill ghlas ag fás ann
16   is gnaoi ag teacht ar bhántaibh gan milleadh.

Táid cuanta ba ghnáthach faoi bhuanstoirm ghránna
   go suaimhneach ó tharlaigh an snaidhmeadh,
tá cnuastar ar trá againn nach luascann an sáile,
   sin ruacain is bairneacha is duileasc;
táid uaisle Chill Airne go suairc ag ól sláintí
   is buanbhith na lánún i gcumann,
táid suanphoirt na ndánta dá mbualadh ar chláirsigh,
24   gach suanphort ar áille is ar bhinneas.

Níl éagóir dá lua againn, tá faothó aige truaghaibh
   ón scéal nua so luaitear le drongaibh
ar phéarla óg mná uaisle — a Dhé, ó tabhair bua dhóibh —
   den chraobh órga is uaisle ó Chill Chainnigh;
tá claochló ar chruacheist 's an t-aon cóir ag buachan,
   tá gné nua ar ghruannaibh gach nduine,
tá an spéir mhór ar fuaimint 's an ré fós go suaimhneach
32   gan caoch-cheo, gan duartan, gan tuile.

Tá scéimh ar gach ruainteacht nach féidir do ruachan
    ó Léinloch go bruach Chille Chainnigh,
fán saorfhlaith dul uainne do théacht as gach cruacheist
36   'na réim cheart gur buan a bheas againn.

21 _____

Ar Bhás Uí Cheallacháin

Scéal goirt do ghéarghoin mo chroí-se is do léirchuir na mílte chun fáin,
céir bheach is péarla na Muimhneach gur saeideadh le hintleacht an bháis,
a saedar, a Saesar, a sinsear, a n-aontlacht 's a n-aoncholg gnáith,
4   a méin uile d'aontoil 's a rí ceart 's a gcaomhchoinneal oíche agus lá.

Saobhdheamhain aeir agus draoithe, ní féidir a mínchosc dá ráig,
tá Thétis fá chaorthonnaibh sínte is a céile dá coimhdeacht ní nár,
Phlégon gan éisteacht is Títan, is tréan-Mhars is craoiseach 'na láimh,
8   Aeton ag léimrigh thar líne agus craobh dhealg-dhraighnigh 'na sháil.

Mo dhéara mar shéala ar an rí-lic, is éadrom mar mhaíomh dhom go brách,
muna dtréigfeadsa saorfhuil mo chlítigh ar chréchuilt an taoisigh thar barr,
caorchumas Éireann an tsaoi sin, a préimhdhair dob aírde fé bhláth,
12   a éagdhul thug méise go cloíte is na céadta mar sinn uile ar lár.

Do réabadar spéartha agus tíortha, do thréantsloig an t-íseal an t-ard,
ina chaomhchodladh séimh do bhí Typhon gur léim d'easpa taoide ar an dtráigh,
péiste na mbéal ngorm gcíordhubh gur léigeadar díobh uile snámh,
16   go n-éisteadh na déithe cén rífhlaith de shaorchlannaibh Mhíle fuair bás.

Do-bheart Clíona ón gcarraig mbán ngruaghil: 'sé seabhac sámh Chluana ghil Mhín,
ceap ríoga Chaisil, ardchuaille, Ó Ceallacháin uasal 's a shíol,
brat díona ar Eallaibh lá an chruatain dá gcasnamh le cruas nirt is claímh,
20   cois Laoi theas marbh tá ar fuaradh, mo chealg bháis chruaidh ghoirt', ar sí.

Do scread Aoibheall chailce fá Dhónall, do threascair a deora ar an dtoinn,
do ghlac bíogadh is fearg bháis Íobha agus aingil go deorach ag caí;
an Ghealinse, a chathair bhreá ghlórmhar, tug fearann stáit mór do agus cíos,
24   i measc naomh tá a anam fá mhórchion 's is fearra fá dhó dho ná an saol.

An Feartlaoi

A mharmairleac ghlas fár leagadh cara Chlár Gael,
dá bhfeasradh neach cén flaith so taisceadh fád thaobh,
abair go fras, ná fan ag agall fán scéal,
28   Ó Ceallacháin ceart is mac Uí Cheallacháin é.

22 _____

Vailintín Brún

Do leathnaigh an chiach dhiachrach fám sheana-chroí dúr
ar thaisteal na ndiabhal n-iasachta i bhfearann Choinn chúghainn,
scamall ar ghriain iarthair dar cheartas ríocht Mumhan
4   fá deara dhom triall riamh ort, a Vailintín Brún.

Caiseal gan cliar, fiailteach na marcraí, ar dtúis,
is beanna-bhroig Bhriain ciarthuilte mhadraíbh úisc;
Ealla gan triar triaithe de mhacaibh rí Mumhan
8   fá deara dhom triall riamh ort, a Vailintín Brún.

Dairinis thiar, iarla níl aici 'n chlainn úir,
i Hamburg, mo chiach, iarla na seabhac síoch subhach;
seana-rosc liath ag dianghol fá cheachtar díobh súd
12   fá deara dhom triall riamh ort, a Vailintín Brún.

D'aistrigh fia an fialchruth do chleachtadh sí ar dtúis
ó neadaigh an fiach iasachta i ndaingeanchoill Rúis,
seachnaid iaisc griantsruith is caise caoin ciúin
16   fá deara dhom triall riamh ort, a Vailintín Brún.

Clúmh na n-ealtan mear a shnámhas le gaoith
mar luaithreach dealbh caite ar fhásach fraoigh,
diúltaid ceathra a lacht a thál dá laoigh
20   ó shiúil Sir Vail i gceart na gCárthach gcaoin.

Nótaí

I _____

Tuireamh ar Shaorbhreathach Mac Cárthaigh (1643–94). Ba mhac é le Donncha an Chúil Mac Cárthaigh (l. 16), bíocunta Mhúscraí, an chéad Chárthach ar bronnadh an teideal iarla Chlainne Cárthaigh (1658) air. Thóg Saorbhreathach páirt shonrach i gCogadh an Dá Rí (1689–91) ar thaobh rí Séamas II in Éirinn agus ina dhiaidh sin bhí sé i gceannas ar an Bhriogáid Éireannach in arm na Fraince. Bhronn Séamas II an teideal 'Lord Mountcashel' (l. 10) air is fuair sé bás san Eilbhéis sa bhliain 1694. Féach O'Callaghan (1870: 646), Murphy (1959). Cé nach luaitear aon údar leis an dán sa LS, ceaptar gurb é Ó Rathaille a chum ar an ábhar go bhfaightear dánta eile leis i dteannta an dáin seo sa LS chéanna. Ach faightear ll 13–16 chomh maith i roinnt cóipeanna den tuireamh (*A Shaorbhreathaigh éachtaigh mo bhrón tu*) a chum Diarmaid mac Seáin Bhuí Mac Cárthaigh ar Shaorbhreathach (in eagar: Ó Donnchadha 1916: 14).

Foinse
RIA 23 G 3: 237 (1715). In eagar cheana, de Brún (1969), Ó Buachalla (2004: 46).

Ceannscríbhinn
'Ar Shaorbhreathach Mhag Carthaigh'.

Meadaracht

1–12	rannaíocht mhór (scaoilte)
13–16	/ é – – é – – o – – ú /

4	*atáid*, tá siad.
11	*Laoise* atá sa LS.

2 _____

Cur síos éagaointeach ar anchás na hÉireann.

Foinsí

RIA 12 F 7: 254 (1750), 23 B 38: 25 (1778), 23 D 8: 280 (1780), 23 C 8: 99 (1833); LN G374: 13 (1822), G819: 320 (1820); MN R69: 177 (1848); UCC T 7: 140 (1884) agus LSS eile. In eagar cheana, O' Daly (1846: 41), AÓR: 2.

Ceannscríbhinní

'Aogán Ó Raithille cct. Mairbhne na hÉireann' (D), 'Marbhna na hÉireann Aodhghan O Rataile cct' (G374), 'Marbhchaoine na hEirionn Aodhgan Ó Raghallaigh ro chan' (R), 'An fear céadna cct iar mbrise na ccoinghíol do ghallaibh do ro ghealladar a Luimneach 1692' (C), 'Aodhgán Ó Raithille cct 1704' (G 819), 'Aodhgán Ó Raghallaidh 1722' (T 7), 'Aogán Ó Raithile cct' (LSS eile).

Meadaracht

/ a – – é – é – í ó – /

4	*a ngéag(a) sa bpréamha* atá sna LSS ach, cé gur *a ngéag* atá i roinnt LSS, is léir nach mbeadh an t-uatha oiriúnach sa chomhthéacs sin. De ghrá na meadarachta (/ é – é – /), cuirim *préamha* (/ é /) ar dtús.
5–8	Tróp coiteann i bhfilíocht pholaitiúil na Gaeilge é Éire a shamhlú le bean; i litríocht an 17ú is an 18ú haois is minic í á samhlú le bean mhídhílis nó le meirdreach a thréig a muintir féin.
10	Tá gach rí san Eoraip i seilbh a dtailte féin go sona sásta. *roinn Eoraip* atá sna LSS.
12	Níl a céile ceart (an Stíobhartach) aici, ach í pósta le rí eachtrannach (Uilliam Oráiste nó Seoirse I).
14	*laochra ríocht Bóirmhe,* na Brianaigh.
15	*den Charathfhuil,* de na Cárthaigh. *mhaithibh na nGréag,* de mhaithibh na nGréag, .i. na Gearaltaigh.
17–20	Téama coiteann i bhfilíocht pholaitiúil na Gaeilge é gurbh iad a bpeacaí féin a tharraing fearg Dé anuas ar na Gaeil.
25–28	Dán sé véarsa (1–24) é an dán i bhformhór mór na LSS, agus cé go bhfaightear an véarsa seo i gceann de na cóipeanna luatha (D), níl teacht air ach i roinnt bheag LSS. Féach: 'The piece, however, seems naturally to end with the sixth stanza' (AÓR: 2 n. 1).

3 ————————

Dán eiligiach ar thurnamh na gCárthach is ar anstaid an fhile féin.

Foinsí
RIA 23 G 20: 133, 391 (1786–95), 23 G 21: 364 (1796), 12 M 14: 436 (19ú haois); MN LC 2: 202
(1808), M5: 49 (1818); UCC M40: 4 (1824) agus LSS eile. In eagar cheana, AÓR: 26.

Ceannscríbhinní
'Aogán Ó Rathaille an tan daistridh go duinneachaibh láimh re Tonn Tóime a cciaruídhe
cctt' (G, LSS eile). 'Aogan ua Ratuille cct. an tan d'aistrig go duineacha laimh le toime a
CCiarruidhe' (12 M 14), 'Éagán Ó Raithaile cct, an tan do aistiricc go Toínn Toime a cciaruidhe'
(M 5), 'An fear ceadna cct an tan d'aistrigh go duimhnneacha láimh le Tóime a cciaruidhe'
(LC), 'Eoghan Ó Raghallaigh cct an tan daistrigh go Dhuibhcinealachaibh láimh re tonn
toime' (M 40).

Meadaracht
1–16 | a – – í í – – ua – ou |
17–20 | ou – í – í – é – á |

2   B'fhéidir gur cheart *maoin caoire* a thógaint mar aonad .i. saibhreas caorach.
4   Níor chleacht mé im óige.
5   *an rí díonmhar, Mac Cárthaigh Mór* a raibh áitreabh aige sa Phailís, cúig mhíle
            laistiar de Chill Airne ar bhruach na Leamhna (an t-áitreabh deireanach a bhí
            fós i seilbh Mhic Cárthaigh Mhóir san 18ú haois). Féach: 'The Laune from this
            point pursues a smooth and rapid course to the seaward ... The tract of country
            along its banks ... is still called "McCarthy Mor's country" as containing the
            ancient residence of the chieftain of that name' (Windele 1844: 84). Faightear
            an cuntas seo ar an dúiche i véarsa dí-ainm:

            Aoibhinn Leamhain maidin cheoidh,
               aoibhinn teora Locha Léin,
            aoibhinn faichí Dúna Ló
               aoibhinn Achadh Deo le gréin. (MF CF25: 415)

            Tugtar cuntas rómánsúil ar an áitreabh féin in 'A poetical description of Pallis-
            Hall and Lough Lean addressed to Mac Cárthaig Mór by Owen McCarthy: *Hail
            pleasures mansion screened by natures care ...*' (LN G337 f: iii). Féach freisin an dán
            a cumadh c.1750 'Far to the west, where peace and plenty smile ...' (KM: 425). Is ag
            Cormac (†c.1698) agus a mhacsan Raghnall (†c.1730) a bhí an teideal 'Mac
            Cárthaigh Mór' agus Ó Rathaille beo (**17**: 27 n., **22**: 3 n). Ach b'fhéidir gurb
            é Dónall Mac Cárthaigh Mór (†1597) atá i gceist aige, an duine deireanach

den teideal sin a raibh tiarnas feidhmiúil aige agus a bhí i *gceannas na gcríoch* ... Sa bhliain 1565, bhronn Eibhlís I an teideal 'Earl of Clancare and Baron of Valentia' air. Shéan sé an teideal sin sa bhliain 1569 nuair a thóg sé páirt in éirí amach iarla Deasmhumhan, ach ghéill sé arís is tugadh maithiúnas dó sa bhliain 1584 (*Irish Fiants*: 1702, 5226, 5277). Sa bhliain 1588, scaoil sé uaidh 6,500 acra talún dá chuid (**17**: 8 n., 17 n.) i ngeall le Sir Valentine Browne (†1589). Bhí ainm na filíochta air is leagtar dánta grá air (O'Rahilly 1926: 38, 63); *Domhnall Óg do chardaois mná* a thugtar air i ndán eile (Ó Buachalla 2001: 121).

6   ler thrua, ar thrua leo mo ghátar.

8   *tír Dhuibhneach*, is é tá sna LSS *a ttír dhuímhneach, a ttír dhuínneach, a ttír ttoineach, a ttir dhuinneach, a ttír dhuíbhneach*. Ní léir gur thuig na scríobhaithe an tagairt; b'fhéidir gur *tír dhaoineach* atá i gceist, ní logainm coiteann é *tír Dhuibhneach*.

9   *an Carathach groí*, Mac Cárthaigh Mór (cf. Dónall groí **5**: 60 n.).
       ler fuadh an mheang, a thug fuath don chluain.

10   *Carathach Laoi*, Donncha iarla Chlainne Cárthaigh (**4**) a bhí i bpríosún i dtúr Londan sna blianta 1691–94, 1698–99. Dá réir sin, is dóichí gur uair éigin sna blianta sin a cumadh an dán.

11   *Carathach rí Cinn Toirc*, Mac Donnchú Mac Cárthaigh a bhain le Dúiche Ealla, tuaisceart Chorcaí, agus a raibh áitreabh aige i gCeann Toirc. Tháinig deireadh le réimeas an tsleachta seo sa 17ú haois.

14   na laochra, ar dhual dóibh an dúiche, nach bhfuarthas sprionlaithe.

18   Is in M40 amháin a fhaightear *go cloíte* (LS *go cloidhte*); *mo chinn claoidhte* atá sna LSS eile; níl *mo chinnse* (FFS: 95) in aon LS.

4 ———————

Caoineadh ar thurnamh na gCárthach — ar Dhonncha Mac Cárthaigh (1668–1734), iarla Chlainne Cárthaigh, go háirithe. B'é Donncha an ceathrú hiarla agus is é a shealbhaigh tailte a mhuintire i Múscraí, co. Chorcaí, tailte a shín ar dhá thaobh na Laoi ó chathair Chorcaí siar isteach i gco. Chiarraí. Uncail leis ab ea Saorbhreathach Mac Cárthaigh (**1**). Bhí Donncha i gceannas ar arm Shéamais II i gcúige Mumhan, ach gabhadh i gCorcaigh é sa bhliain 1690, coigistíodh a chuid tailte (160,000 acra) is cuireadh go túr London é, mar a raibh sé sna blianta 1691–94. D'éirigh leis éalú chun na Fraince, ach ar a fhilleadh sa bhliain 1698, gabhadh arís é is cuireadh ar ais i dtúr London é. Tugadh pardún agus pinsean saoil dó sa bhliain 1699 ar acht é a dhul thar lear, agus is in Hamburg na Gearmáine (*i Hamburg, mo chiach, iarla na seabhac síoch subhhach* **22**: 10) a chaith sé an chuid eile dá shaol. Féach DNB, O'Callaghan (1870: 642), Ó Buachalla (1996: 202–06).

Foinsí
BL Eg. 158: 26, 110 (1736–39); RIA 23 M 45: 259 (19ú haois), 23 Q 3: 14 (19ú haois). Is in Eg. 158 (26) amháin atá ll 69–72. In eagar cheana, AÓR: 6.

Ceannscríbhinní
'Air Riocht Threasgartha na h-Eirean Aodhan O'Raghallaigh ró chan' (Q), 'Aodhgán Ó Raithaille cct.' (Eg., M).

Meadaracht
1–64	/ x x é – /
65–68	/ a – – é – é – í – ou /
69–72	/ a – ó – a – ó – á – *i /

1	*an Chárthfhuil*, Clann Chárthaigh.
20	Tír a bhris foireann an Bhéarla.
31–32	Iarainn a chum ceardaithe Vulcánais chraosaigh.
33	Tá fuil a croí ag brúchtadh amach ina linnte; *shéideas, a shéideann.*
34	*gadhair Bhriostó*, Sasanaigh. Bhí Bristol, ag an am, ar phríomhbhailte poirt na Breataine agus an-trádáil ar siúl idir é agus an Daingean.
39	*féachaidh, féachaigí.*
45	*Gríofa is Hedges*, Muircheartach Ó Gríofa (**14**) is Richard Hedges (†1748). Captaen in arm Uilliam Oráiste ab ea Hedges. Sa bhliain 1703, cheannaigh sé eastát in iarthar Chorcaí a bhain le tailte coigiste iarla Chlainne Cárthaigh, agus sa bhliain 1706 ceapadh é ina 'receiver of rents, etc., in Cos. Cork and Kerry for the Hollow Sword Blade Company' (*Analecta Hibernica* 15, 1944, 95). Ceapadh ina ghiúistís ina dhiaidh sin é, agus is é a bhí i gceannas an gharastúin i gcaisleán Rois i gCill Airne. Is le díocas a d'fhógair sé cath ar thóraithe is roparaithe an cheantair. Bhí dlúthbhaint aige le Ó Gríofa. Féach

     Analecta Hibernica 1, 1930, 6–8; AÓR: 354, KM: 506.

46   *i leaba an iarla*, in áitreabh an iarla, Donncha Mac Cárthaigh.

47   Gan éinne ach faolchoin ina gcónaí sa Bhlarna.

48   *ráth Loirc*, ainm fhileata ar Éirinn; cf. *ó chlár Loirc Éibhir* **5**: 84 n., *inis Loirc Fhlainn*
     14: 3.

52   Níl *na Raghallach*, an leagan a mbeifí ag súil leis (gin. iol.), in aon LS, ach *na*
     Raighiladh, na Raighladh, Ráighileadh, na Raéghlaigh. Níl *chineadh Raighéileann /*
     Raighileann (AÓR: 10) in aon LS ach oiread. Is fiú a thabhairt faoi deara gur
     foghar / é / atá sa chéad siolla, mar atá i nGaeilge an Tuaiscirt. Féach freisin
     Raoghallaigh ~ Bhréifne (AÓR: 120 § 42), *Gaeulach ~ Raghallaigh* (O'Rahilly 1952:
     74 § 329–30). Ní miste a mheabhrú gur mheas O'Reilly (1820: 203) gur ó cho.
     an Chabháin d'athair Aogáin (lch 7, n. 5).

56   Ón 16ú haois anuas, thaobhaigh cuid d'uaisle na mBrianach leis an choróin
     agus d'iompaigh siad ina bProtastúnaigh.

68   *dalta na hÉireann*, Donncha Mac Cárthaigh, iarla Chlainne Cárthaigh.

70   *i leaba an leoin*, in áitreabh an iarla Donncha Mac Cárthaigh.

71   *aicme 'n chóip ler mhaith mo shord*, aicme den chóip; den dream ar mhaith leo mo
     leithéidse.

     táid, tá siad.

5 ⸺⸺⸺

Dán éagaointach ar an scrios a rinneadh ar an gCaptaen Eoghan mac Cormaic Riabhaigh Mhic Cárthaigh ó Chois Mainge. Thóg Eoghan páirt i gCogadh an Dá Rí ar thaobh Shéamais II. Bhí talamh ar cíos aige ó Sir Nioclás Brún (†1720) i Lios na gCeann, in aice Chill Airne, agus is dóichí gur tar éis coigistiú a chuid tailtesean sa bhliain 1691 a díshealbhaíodh Eoghan. Cé nach bhfuil mionsonraí na heachtra ar fáil, is léir go raibh idir mharú (l. 113) is scrios (ll 101–08) i gceist is gur fágadh Eoghan ina 'dhíbeartach fhíorlag go traochta' (l. 115). Ghlac Eoghan is a mhuintir seilbh ar a dtailte i Lios na gCeann arís sa bhliain 1717, is bhí na tailte sin is tailte eile i gCiarraí ina sheilbh nuair a d'éag sé sa bhliain 1738. Tá cóip den uacht a rinne sé i gcló (AÓR: 209).

Foinsí

BL Eg.94: 90 (1817); RIA 23 C 21: 209 (1816), 23 O 73: 299 (19ú haois); IL 8: 184 (1821); HL HM4543: 395 (1827); LN G646: 43 (1828). Is in IL agus HL amháin atá ll 121–36; tá ll 81–135 ar lár in C agus O. In eagar cheana, AÓR: 208.

Ceannscríbhinní

'Aodhgán ua Raithile cct. 1728. Do Chaptaoin Eóghan mac Cormaic Riabhaicc mhic Cárrtha ag éagcaoine gach éagcóir et gach annfhorlann eachtrainn dár bhain do' (IL, HL), 'Aogan Ó Rathaille, dhon Taoiseach Eoghan mhac Cormaic riabhach mhac Carrtha' (Eg.), 'Aodhgan Úa Ratailladh cct do Capthaon Eoghan mac Cormac Ríabhach mac Carthadh' (C), 'Aogán Ó Rathaile don chionnurradh Eoghan mhic Chormaic Riabhaich Mhic Cairthaigh' (G, O).

Meadaracht

1–248	/ x x é– /
249–60	/ *i – – a – a – í é – /
261–64	/ *i – – / *i – – / *i – – *i – – á /

2	go n-éagad, go n-éaga mé.
5	badh, bádh, báthadh, fa atá sna LSS; glacaim le bá 'submergence, destruction', ach d'fhéadfadh bá 'sympathy, support' a bheith i gceist nó an chopail ba.
7	Tugann an líne sin le tuiscint go raibh ceangal dlúth cinnte idir muintir Rathaille agus Eoghan Mac Cárthaigh; b'fhéidir go raibh Ó Rathaille mar thionónta ag Eoghan Mac Cárthaigh ('it may well be that the poet's family were living as tenants to Eoghan McCarthy at the time ...' AÓR: xiii).
11	Is tú a laoch chun seasamh leo sa troid.
16	Muiris, cé nach bhfuil sé cinnte, do tharlódh gurb é Maurice Hussey atá i gceist anseo agus i ll 95, 96, 103, 144, 169, 236, 256, 259, 264. Is ar thaobh Shéamais II a throid Hussey i gCogadh an Dá Rí, is dhiúltaigh sé Móid an tSéanta (9 n.) a thabhairt ina choinne. D'fheidhmigh sé chomh maith mar spiaire ag an rialtas is rinne iarracht, feadh a shaoil, an dá thaobh a thabhairt leis. Sa bhliain

1684 cheannaigh sé Cathair Fhíonáin ó na Cárthaigh. D'éag sé sa bhliain 1714. Féach SKR i: 324, ii: 129, 138; AÓR: xxiv, 354; NAI T6916. Ach b'fhéidir gur duine de mhuintir Morris, plandóirí i gCiarraí, atá i gceist. Bhí Samuel Morris ina ghiúistís i gco. Chiarraí sa chéad cheathrú den 18ú haois; bhí Jaspar Morris ina 'High Sherrif of Kerry' sa bhliain 1718, is bhí léas ar thailte na gCárthach i Maigh gCoinche aige. Féach SKR i: 261, ii 145; KM: 150, RD: 20 / 148 / 10107.

30 dfaig(h) atá sna LSS.

39 A chas siad (clanna Tuirgéisius? l. 40) ar ais tamall; tagairt, b'fhéidir, don eachtra inar éirigh leis na Lochlannaigh bob a bhualadh ar Cheallachán agus stop a chur leis ar feadh tamaill.

40 Brian ler treascradh, Brian a threascair.

43 Aodha mhic Coinn, Aodh Ó Néill, ach b'é Conn a sheanathair (Fear Dorcha ab ainm dá athair).

55 Séamas, Séamas III.

56 Mar a deirtear i leabhar na n-uaisle.

59 nár fhill, nár theith ó aon chath.

60 is Dhónaill ghroí, Dónall Ó Súilleabháin Mór, is dócha.

62 fir Chinn Toirc, Mac Donnchú Mac Cárthaigh, cine a raibh áitreabh acu i gCeann Toirc, co. Chorcaí.

63 bráthair Duibh, Ó Donnchú Dubh an Ghleanna.

64 Mhic Fínín, Mac Fínín Dubh Ó Súilleabháin.

70 ridire, Mac Gearailt, ridire an Ghleanna.

76 seabhaic, duine de na Brianaigh.

78 Mac Fínín Mac Cárthaigh.

81 Conrí finngil laochda atá in E.

83 Thaidhg, ní fios cé tá i gceist.

84 Thaidhg, ní fios cé tá i gceist; ó chlár Loirc Éibhir, ní móide gurb í Éire (cf. ráth Loirc 4: 48 n., inis Loirc Fhlainn 14: 3 n.) atá i gceist anseo, ach co. Chorcaí nó cúige Mumhan, b'fhéidir.

86 Ní fios cé tá i gceist.

88 mhic Séafra, Séafra Ó Donnchú an Ghleanna.

90 tiarna Mhúscraí, Donncha an Chúil Mac Cárthaigh.

91 tiarna Ghlinn an Chroim, ceann fine na gCárthach a chónaigh i nGleann an Chroim, co. Chorcaí.

92 tiarna an Chairn, níl sé soiléir cé tá i gceist.
tiarna Chairbreach, Mac Cárthaigh Riabhach.

93 Is trua do thalamh ag dream gan mhaith agus í á roinnt orthu saor in aisce gan aon chúiteamh.

96 Éamann, ní fios go cinnte cé tá i gceist. Bhí mac ag Maurice Hussey (l. 16), is deartháir ag Muircheartach Ó Gríofa (14) darbh ainm Edmond. Féach l. 104.

97–100 Níl na línte seo an-soiléir. Is dubhach agus is déarach tús mo scéil, tús is fáth le bheith ag déanamh bróin leis; toisc gur briseadh na huaisle, cuirfidh na máistrí seo in ár gcoinne: is baol dó.

100   cuirfid, cuirfidh.

101   do-ghní, déanann; do ghnidh, do ghnidhid, do ghníodh atá sna LSS.

       Seoirse, Seoirse Éigir (l. 256), b'fhéidir. Tháinig muintir Éigir (Eager) go hÉirinn
       sa 17ú haois is bhain sealúchas amach i gco. Laoise is i gco. Chiarraí. Sa bhliain
       1660, lonnaigh Alexander Eager (†c.1696) in aice le Caisleán na Mainge is bhí
       mac leis siúd, George Eager, ina chonstábla i gCill Airne i dtús an 18ú haois.
       Féach Eager (1860).

105   Na daoine nár éirigh le calaois na meirleach breith orthu.

106   Mac Craith, ní fios cé tá i gceist.

108   Is in IL amháin atá fiús; fís, fees atá sna LSS eile, ach éilíonn an mheadaracht / ú /.
       Cíos seasta ar thalamh a chiallaíonn feu i gcóras dlí na hAlban ('A perpetual lease
       at a fixed rent' OED).

113   Nár ghéill do bhréaga; níltear cinnte cé hé Seán, ach b'fhéidir gur deartháir le
       hEoghan é.

132   dream noch ollaimh atá sa dá LS (IL, HL), ach is le briathra amháin is gnách an
       mhír choibhneasta noch a úsáid (cf. 4: 14). Glacaim le nach ollaimh (dream nach
       ollúna iad a dheineadh staidéar ar an Ghaeilge), cé nach bfuil an léamh sin sna
       LSS. Ní móide gurb í an aidiacht ullamh atá i gceist.

133   Níl sé soiléir cé tá i gceist anseo. An fad a mhair duine den bhuíon?

151   bruach na Lice, abhainn na Bruice.

169   shocraigh sé gach rud de réir a thola féin.

175   an Ghleanna, Gleann Fleisce, is dócha.
       ina labhraid, ina labhrann.

176   ar an gCích, an Dá Chích.

178   Séamas, Séamas II; do shaoileadar go bhfillfeadh Séamus atá in IL, HM; do shaoileadar
       go bhfillfeadh arís chugainn Séamus sna LSS eile.

179   an Leac, bhí leac i dTeamhair, mar a raibh an Lia Fáil, a ghéimeadh ar theacht an
       rí chóir.

183   síbhrog Fhéilim, ós rud é gur ar theorainn cho. Luimnigh agus Thiobraid Árann
       atá Sliabh Féilim, glacaim leis gur sa cheantar céanna atá an síbhrog.

186   áras Gréine, Pailís Ghréine i gco. Luimnigh, b'fhéidir.

199   an bhraighdgheal, is dóichí gurb í an tsíbhean Fíonscoth (ll 207, 210, 213)
       atá i gceist sna línte sin trí chéile; ní móide gurb í bean Eoghain atá i gceist
       (FFS: 180).

221   rí ceart, Séamas II.

228   an réics chirt, Séamas II.

233   Oirfin, dar le Dinneen (AÓR: 228) is Lyne (1977: 23) gurb é Richard Orpen (1652–
       1716) atá i gceist. Plandóir ab ea é a raibh talamh aige i ndeisceart Chiarraí.

235   Ní fios cé hiad na daoine seo, ach b'fhéidir gur bhaineadar le muintir Éigir
       (l. 101).

240   An chuid acu a d'iompaigh ina bprotastúnaigh le Liútar.

242	Séamas, Séamas II.
248	Is mó Suí Finn in Éirinn; tá ceann acu in aice le Caisleán Uí Chonaill, co. Luimnigh.
250	Sníonn na haibhnte sin isteach sna srutha a thagann amach as loch Léim Toirc.
	snaidhmid, snaidhmeann siad.
251	*géimid*, géimeann siad.
257	Tá le tuiscint as an tagairt sin go raibh muintir an fhile ina gcónaí le tamall in Uíbh Laoghaire in iarthar Chorcaí. Is sa cheantar céanna atá an dá logainm Gort Uí Rathaille is Inis Uí Rathaille.
260	*tré gcuimlim*, tréna gcuimlim.
261–62	Leanann tairbhe gach dochar agus cuireann sé an dochar ar ceal; léiríonn an olann, an duille is an bláth fiúntas gach toraidh.
	mar thiteas, mar a thiteann; *do ritheas*, a ritheann.
263	*cogadh na rithe*, Cogadh an Dá Rí (1689–91) idir Uilliam Oráiste agus Séamas II.
264	Bhíodh muileann tucála ag an droichead i Lios na gCeann mar ar chónaigh Eoghan Mac Cárthaigh.

6 _____

Tuireamh ar Sheán Brún (Capt. John Browne †1706) a bhí pósta le Joan Butler (ll 50–52). Ba mhac é le Sir Valentine Browne, an dara bairnéad (†1640), agus Máire Nic Cárthaigh (l. 108), iníon le Cormac Mac Cárthaigh (†1640), tiarna Mhúscraí. B'é Sir Valentine Browne (†1567) ó Crofts, Lincolnshire, Sasana, a bhí ina 'Auditor General of Ireland', an chéad bhall den teaghlach a raibh teagmháil aige le hÉirinn, agus is é a mhacsan, Sir Valentine Browne (†1589), an chéad duine acu a bhain sealúchas amach abhus. Tháinig seisean go hÉirinn sa bhliain 1559, cheap Eibhlís I ina 'Surveyor-General' é agus bhí dlúthbhaint aige le pleanáil is le feidhmiú phlandáil na Mumhan (1586). Bronnadh tailte coigiste Uí Dhonnchú agus Mhic Cárthaigh Mhóir i gceantar Chill Airne air féin agus ar mhac leis (Sir Nicholas Browne †1606) agus lonnaigh mac eile leis (Sir Thomas Browne †1640) i gceantar An Ospidéil, co. Luimnigh. Chuimsigh eastát iomlán na mBrúnaich (i gco. Chiarraí, co. Chorcaí agus co. Luimnigh) 120,000 acra. Cé gur Phrotastúnaigh iad na Brúnaigh, ar theacht go hÉirinn dóibh ghlac siad leis an gCaitliceachas agus rinne cleamhnais rathúla le clann mhac is iníon na dtiarnaí dúchais.

Ó thús an 17ú haois amach sheas an teaghlach go diongbhálta le rítheaghlach na Stíobhartach. Sa bhliain 1620 dheimhnigh Séamas I seilbh dhlithiúil na mBrúnach ar a dtailte i gco. Chiarraí agus an bhliain dar gcionn bhronn sé an teideal 'bairnéad' ar Sir Valentine Browne (†1633). Baineadh seilbh a dtailte díobh tar éis eirí amach 1641 ach d'athshealbhaigh Séarlas II iad sa bhliain 1660. Bhí Sir Valentine Browne, an tríú bairnéad (†1691), ina choirnéal ar reisimint coisithe in arm Shéamais II in Éirinn, agus sa bhliain 1689 bhronn Séamas II an teideal 'Viscount Kenmare' (Ceann Mara in eastát na mBrúnach i gco. Luimnigh atá i gceist) air. Is dósan a scríobhadh an tuireamh *Mo chiach, mo mhilleadh, mo thubaist, mo mhórchreach* (MN M10: 82). Snaidhmeadh an dá ghéag den sliocht le chéile sa bhliain 1684 nuair a phós Sir Nicholas Browne (an ceathrú bairnéad †1720) ó Chill Airne, Ellen Browne, iníon le Capt. Thomas Browne, ó An tOspidéal. Bhí Sir Nicholas ina MP do Chiarraí sa bhliain 1689 (sa pharlaimint a thionóil Séamas II i mBaile Átha Cliath) agus ina Ardsirriam ar cho. Chorcaí sa bhliain 1690, ach toisc gur ar thaobh Shéamais II a throid sé i gCogadh an Dá Rí (1689–91) coigistíodh an t-eastát iomlán (120,000 acra) sa bhliain 1691, ach ar feadh a shaoilsean amháin. Maidir leis na Brúnaigh trí chéile, féach Smith (1756: 39), KM: 470–75. Chónaigh an Seán Brún áirithe seo in Ardach, co. Luimnigh, is bhí sé ina mhaor ar eastát na mBrúnach sa chontae sin sular díoladh le John Asgill (l. 84) é. In UCG H40: 97, tá dán molta ar Sheán 'geal Brún' (*Fear tréitheach dea-mhéineach sea Seán geal Brún ...*), ach b'fhéidir nach é an Brúnach céanna atá i gceist.

Foinsí
RIA 12 E 22: 82, 141 (1754), 23 N 12: 39 (1763), 23 C 16: 79 (1766), 23 L 24: 255 (1767); ML 3: 296 (1766); IL 8: 51 (1824); HL HM 4543: 294 (1827); UCD F 29: 213 (1832) agus LSS eile. Níl ll 49–96 in E, C, L, ML. In eagar cheana, AÓR: 50.

Ceannscríbhinní

'Marbhna CSeaghain Brún Aodhgán Ó Raithile cct' (E, ML), 'Aogán Ua Raithile cct, Marbhna Cseaghain Brún sean aithair Thíghearna Chinne Mara'[1] (C, L), 'Aodhgán Ó Raithille cct. 1700'(N, HL), 'Aodhgán Ó Raghallaigh.cct. 1726' (IL), 'Éagán Ua Raighialladh cct. air bhás chSeáin Brún' (F agus LSS eile).

Meadaracht

1–8	/ á – a – a – ó – /
9–104	/ x x ó – /
105–112	/ *i – ú ú – – é – í /
113–116	/ a – á – á – *i – – í /

1	*tásc tré sreathaid, scéal báis tréna sileann súile deora.*
2	*fáth tré bhfeacaid, fáth tréna bhfeacann.*
3	*cás tré gcreathaid, cás tréna gcreathann.*
4	Vail, Sir Valentine Browne (†1640), an dara bairnéad, mac le Sir Valentine Browne (†1633), an chéad bhairnéad, is Síle Nic Cárthaigh iníon le Cormac Mac Cárthaigh (†1640), tiarna Mhúscraí.
24	*liannaibh i mbliana* atá i bhformhór na LSS, ach faightear *laghraibh / Laghnaibh* ag *blaidhrigh* chomh maith. Is deacair brí a bhaint as murab é atá i gceist go raibh gá aige le dochtúirí i mbliana. Ach b'fhéidir gur *liamhain/líomhain* ('reproach, allegation') nó *lí/laí* ('shaft, door-post') atá i gceist.
34	*ar Phoebus (do) thit* atá sna LSS.
39	Faightear *Déagh-, Dagh-, Dadhga* agus *go dubhach feasach i ndeoraibh* i gcuid de na LSS. Ní fios cá bhfuil Dún Deaghaidh ach is dóichí gur i Sliabh Luachra (a dtugtaí Luachair Deaghaidh air uair) é.
40	Ní fios cá bhfuil Dún Aonair ach glacaim leis gur i gco. Chiarraí é; féach *Dún Gidh, Dún Dágh* is *Dún Aoinfhir* (O'Rahilly 1952: 79 § 431).
44	ag éileamh gur ó shíol Bhéarra a shíolraigh sé.
50	Tugtar faoi deara go ndeineann / i / agus / a / amas sa líne seo (*finne ~ agat*). Gné choiteann an t-amas sin i saothar Uí Rathaille. Féach: *Chainnigh ~ ridire* (**6:** 78), *singil ~ agat* (**6:** 113–14), *ise ~ aige* (**11:** 28), *ainm ~ imeall ~ filleadh ~ leasa* (**13:** 1–4), *thagas ~ d'uisce* (**13:** 17, 18), *ghairfead ~ ngairinn ~ uile ~ chuisle, gcuirthear ~ ghairede ~ chumasach ~ d'imigh* (**17:** 1–4), *imeacht ~ soithimh ~ mongaibh ~ Chainnigh* (**20:** 1–4), *bile ~ gcuradh ~ drongaibh ~ Chainnigh* (**20:** 5–8). Féach freisin: *dearcaim ~ coileach ~ bailte ~ Aicil* (AÓR: 24 §§ 5–8), *coinfhiadh ~ flaith mar* (AÓR: 42 §§ 5,6), *cneasadh ~ guineadh* (AÓR: 162 §43), *maidean ~ mullach* (**7:** 1–2), *dorcha ~ lasadh ~ againn ~ gcosnamh* (**7:** 13–16). Úsáidim an comhartha / * i / chun an t-amas sin (i ~ a ~ o ~ u) a léiriú.

---

[1] Ní fíor sin. Ní raibh aon sliocht ar Sheán Brún.

51   *gol na gile*, bean Sheáin lenar pósadh go hóg é, .i. Joan, iníon le Éamann Buitléar, mac le Tomás Buitléar ('Baron Cahir'), a raibh gaol aige le diúc Urmhumhan (l. 52).

53   *gol an Bhrúnaigh*, Sir Nicholas Browne (†1720), is dócha. Ar choigistiú a thailte sa bhliain 1691, chuaigh sé thar lear, chaith tamall i Londain, is fuair bás in Ghent. Féach: 'After the reduction of Ireland the Lord and Lady Kenmare repaired to London where they were in extreme want, and Mr. Mortogh Griffin did all he could to relieve and serve them' (KM: 12). Ní fíor gur 'duine de Chárthaigh Mhúscraí ba ea a mháthair' (FFS: 89); Jane Plunket, iníon le Sir Nicholas Plunket (ó Bhaile na Rátha, An Uaimh, co. na Mí) ab ainm do mháthair Sir Nicholas Browne (KM: 470).

56   *Máible*, Máible (Mable) Brún iníon le Sir Valentine Browne (an chéad bhairnéad †1633) agus Síle Nic Cárthaigh, iníon le tiarna Mhúscraí, deirfiúr le máthair Sheáin (l. 108).

57   Gol na ndaoine a d'oil tú id óige.

60   *de shleachtaibh Chéin*, de shleachtaibh na Mumhan; creideadh gur ó Chian a shíolraigh príomhshleachta iarthair Mumhan.

73   *iarla Chill Dara*, is ag Gearaltaigh a bhí an teideal sin.

74   *an t-iarla ón Daingean*, is mó baile den ainm sin in Éirinn ach más é Daingean Uí Chúis é, is dóichí gurb é iarla Deasmhumhan atá i gceist.

75   *an t-iarla ó Thallaibh*, is deacair a rá cén áit atá i gceist. Ceann acu seo, b'fhéidir: Tír na hAille, co. Luimnigh; An tAthla, co. Chiarraí; Dúiche Ealla, co. Chorcaí.

76   *an t-iarla ... flatha*, Buitléaraigh.

78   *triath Chille Chainnigh*, Buitléarach.
        an ridire, Mac Gearailt, ridire an Ghleanna.

80   *an triath*, Búrcach, is dócha.

84   Asgill, John Asgill, Sasanach a cheannaigh, sa bhliain 1703, eastát Sir Nicholas Browne (†1720) a coigistíodh sa bhliain 1691. Ach chreach sé is bhochtaigh sé an t-eastát go mór:

> The said John Asgill took upon himself to sell the woods upon the said Lord Kenmare's estate to the said Hedges and Griffin for £1,000 ... and he cut down and disposed of all the woods upon the said paternal estate and underlet the whole estate ... (KM: 331)

Bhunaigh sé ceárta iarainn i gCill Airne, bhí sé ina MP do Inis Córthaidh tamall agus ina scríbhneoir. Bhí sé pósta le iníon Sir Nicholas Browne. Féach AÓR: 351, DNB, KM: 495. Axail(l) atá sna LSS.

86   *Gríofa is Tadhg*, Muircheartach Ó Gríofa (**12**) is Tadhg Dubh Ó Cróinín (**12**: 3 n.). Sa bhliain 1706, thug Asgill léasanna ar na tailte sin do Ó Gríofa is Ó Cróinín, is cheap sé Ó Gríofa ina mhaor is Ó Cróinín ina bhailitheoir cíosa ar an eastát. Chuireadarsan, freisin, dála Asgill, an t-eastát ó mhaith. Is laistigh

de reitric thraidisiúnta an anfhlaithis a chuireann Ó Rathaille síos orthu: 'Acht cheana, ar ngabháil ceannas agus urlámhas Críche Brúnach do Thadhg Dhubh Ó Cróinín agus do Mhuircheartach Ó Gríofa, níor fhan iasc in inbhear ná ar loch, ná bláth ar scairt, ná grán i ndéis ... níor fhan duille ar chraoibh, ná féar ar faiche, ná meas ar dhair. Ciodh trácht, do thréigeadar na ba a laoigh, na héin a ngearrcachaibh, na caoirigh a n-uain, na crántacha a mbainbh agus na láracha a searraigh ar dtíocht don dá diabhal soin i bhforaois na bhfírleon' (AÓR: 289).

87	*ler díbreadh, Gríofa is Tadhg ... a dhíbir* ár saoithe mórga.
90	*mailís Thaidhg,* Tadhg Dubh Ó Cróinín.
91	Tá ag éirí go breá leis.
108	*phéarla ón Laoi,* Máire Nic Cárthaigh, máthair Sheáin.
114	*fá chlais an bhráca atá in N agus LSS eile.*
116	*táid,* tá siad.

7 ────────

Aisling pholaitiúil atá draíochtúil dóchasach ina tús, ach a chríochnaíonn go héadóchasach agus an t-inseoir go doilbhir duairc (l. 19). Is dóichí, mar sin, gur timpeall 1708–09 a cumadh í nuair a bhí ard-dóchas á nochtadh go raibh an Stíobhartach ar a shlí (l. 15). Thriall fórsa sluaíochta ón Fhrainc ar Albain an bhliain sin agus Séamas III i gceannas orthu, ach níor éirigh leo dul i dtír is d'fhill Séamas ar an Fhrainc arís.

Foinsí
RIA A iv 2: 75 (1753), 23 G 20: 144 (1795), 23 C 8: 93 (1833), 23 G 21: 367 (19ú haois); LN G360: 212 (1817) agus LSS eile. In eagar cheana, AÓR: 22.

Ceannscríbhinní
'Ag so aisling eile do rinnedh don fhear chéadna' (A), 'Aisling Aódhgáin Uí Raithile sonn' (23 G 20), 'Aisling Aodhgáin Uí Raithile cct.' (G360 agus LSS eile), 'Aógán Ó Raithile cct 1700' (C).

Meadaracht
/ a – – í í – – o – – ua /

3	tarrastar, foirm ársa br. (féach Foclóir); féach freisin fearastar (l. 5), lastathar (l. 9), leanastar (l. 11).
	linn, an uimhir iol. thar ceann an uatha. Féach freisin l. 11.
4	Cé gur Suídhe Sainibh atá in A, Sígh Seanaibh atá sna LSS eile. Cf. i mbruighin Mhaighe Seanaibh (Sainnibh i gcuid de na LSS) i ndán eile de chuid an fhile (AÓR: 104 §49). Is i gco. Ros Comáin in aice le Cruachain atá Maigh Sainbh. Tá barúntacht den ainm Seanaid i gco. Luimnigh, ach is cinnte nach é atá i gceist.
7	shíorchuireas, a chuireann de shíor.
9	lastathar, is in A amháin a fhaightear an léamh seo; lasaid sin atá sna LSS eile.
10	air mullach cnoic Doinn Fírinne atá in A; chnoic aoird fhírinne sna LSS eile.
11	leanastar linn, lean mé.
15	an rí, Séamas III.
	bheas, a bheidh.
17	do loiteas ..., is in A amháin a fhaightear an léamh seo; go hachomair suas atá sna LSS eile.

8

Aisling pholaitiúil a thosaíonn go dóchasach (l. 4) agus a chríochnaíonn go héadóchasach (l. 32). Is dóichí, mar sin, go dtagraíonn sí do cheann de na hiarrachtaí a rinne na Seacaibítigh (lucht leanúna an Stíobhartaigh) ionsaí armtha a dhéanamh ar an Bhreatain sna blianta 1708, 1715 agus 1719.

Foinsí
RIA 23 B 38: 237 (1778), 23 D 8: 260 (c.1780), 23 G 21: 366, 489 (1795–1828), 23 C 8: 353 (1833); LN G434 a: 19 (1837); BA 3: 83 (1832–39); UCG B1: 60 (1824) agus LSS eile. Cé gur dán dí-ainm é seo sa LS is luaithe (B), agus go leagtar ar Sheán Clárach Mac Dónaill é i LS luath eile (D), is ar Ó Rathaille a leagtar an dán i bhformhór mór na LSS. Leag O'Daly ar Mhac Dónaill ar dtús é (1844: 12), ach is ar Ó Rathaille a leag sé é ina dhiaidh sin (1866: 24). Lasmuigh de D, is i LSS a shíolráíonn ó O'Daly (1844) amháin a leagtar ar Mhac Dónaill é. Leanaim ord na línte in G; níl ach 6 véarsa (ll 1–8, 13–20, 25–28, 21–24) in B agus cúig véarsa (ll 1–12, 17–20, 29–32) in D. Ní móide aon bhunús a bheith leis an data 1737 a luaitear i roinnt LSS; is fearr a oireann dáta sa chéad cheathrú den aois do chomhthéacs an dáin (féach n. 30). In eagar cheana, O'Daly (1844: 12, 1866: 24), AÓR: 12.

Ceannscríbhinní
'Air Éire' (B), 'Seaghán (Clárach) Mac Dómhnaill cct' (D), 'Aodhgán Ó Raithille cct' (G agus formhór na LSS), 'Aodhgán Ó Raithille cct 1737' (C agus LSS eile), 'Aódhgán Ó Raithille cct san mbliaghain 1700' (LN).

Meadaracht
3A + B, mar shampla

1–2	/ a – é – a – é – a – é – a í /
3	/ ú – a – ú – a – ú – a – a í /
4	/ í – a – í – a – í – a – a í /

1	*aisling faon* atá in B, D, G (366).
4	*Mac an Cheannaí*, Séamas III; *a díogras* atá in B. Is ag O'Daly (1844: 12) is túisce a fhaightear an teideal 'Mac an Cheanaighe' agus is i LSS a shíolraíonn ó O'Daly amháin a fhaightear é. Ghlacas leis mar theideal toisc é bheith bunaithe go maith anois.
5	*linn*, liom (iolra thar ceann an uatha).
6	*céile Bhriain*, Éire.
13	*do lag sinn*, do lagaigh mé (iolra thar ceann an uatha).
17	*Ó scriosadh na ríthe a chleacht sí* (ar thug sí grá dóibh).
25	*a bráithre breaca*, an chléir; ní dócha go bhfuil ord faoi leith i gceist.
29	Nuair a chuala a scéal, dúrtsa léi, mar rún, go raibh an té ar thug sí grá dó

marbh. Thabharfadh an léamh *ar chleacht sí* (atá i bhformhór na LSS) le tuiscint go raibh níos mó ná duine amháin i gceist. Sa bhliain 1719, bhí fórsa sluaíochta eile ag ullmhú sa Spáinn chun Albain a ionsaí ach sular fhág an loingeas cuan fiú scrios fia-stoirm é agus a raibh ar bord.

30   Ní fios go cinnte cé hé an té a fuair bás 'thuas sa Spáinn' (ag glacadh leis gur duine amháin atá i gceist). D'fhéadfadh gur duine den triúr seo é: Ball Dearg Ó Dónaill, a fuair bás sa Spáinn sa bhliain 1704; James FitzJames (Duke of Berwick), a raibh ráfla á scaipeadh go bhfuair sé bás sa Spáinn sa bhliain 1706; an cunta Dónall Ó Mathúna, a fuair bás sa Spáinn sa bhliain 1714 (féach Ó Buachalla 1996: 686 n. 61).

32   *d'éala*, d'éalaigh.

9 ————————

Sa bhliain 1709 achtaíodh go gcaithfeadh daoine a raibh oifig phoiblí acu Móid an tSéanta ('Oath of Abjuration') a thabhairt. Móid í a dhearbhaigh i gcoinne Shéamais III agus a shéan a dhlisteanas.

Foinse
RIA 23 G 3: 236 (1715). In eagar cheana, AÓR: 140.

Ceannscríbhinn
'Ar Dhonochadh Ó Iocídhe ag fágbháil Luimnigh a mídhe Octobur 1709 a dul go Sagsona ag teitheadh roimhe mhóidibh abpribasion'. Tá 'Aogán O Rathile' scríofa i láimh eile ag deireadh an dáin.

Meadaracht
3A + B

1–4	/ — ú – / — ú – / — ú – / — ó /
5–8, 9–12	/ — í – / — í – / — í – / — ó /

2	triall ar pharlaimint London (?).
3	Móid an tSéanta atá i gceist. I dtuarascáil a cuireadh chun na Róimhe sa bhliain 1709 dúradh: 'some of the principal Irish Catholics have gone to England to avoid the initial severity' (*Collectanea Hibernica* 4, 1961, 128).
5–6	*coimseach ann.* / *Criosd atá sa LS; ó sháraíonn coimseach ann patrún na meadarachta* (/ í – /), *cuirim cuimse ina ionad.*
9–10	Cuirfidh Dia do dhíbirt ar ceal tar éis duit filleadh ó gach turas (?).

10 ———————

Tairngreacht pholaitiúil a chuireann an file i mbéal an charachtair Donn Fírinne, pearsa
mhiotasach a bhain le Cnoc Fírinne, co. Luimnigh.

Foinsí
RIA 23 G 3: 236 (1715), 23 M 11: 197 (1833); BL Eg.133: 64 (1720), Eg.158: 127 (1739); LN G
82: 214 (1745); BA 3: 350 (19ú haois) agus LSS eile. I roinnt LSS, tagann 17–20 roimh 13–16.
In eagar cheana, Hardiman (1831 ii: 46), AÓR: 166.

Ceannscríbhinní
'ar chloinn tseamuis ₇c' (23 G 3), 'Taraguireacht Donn Fírine' (Eg. 158), 'Tarngaireacht
Dhoinn Fhírinigh. Éagán O'Raghallaigh ró chan' (M), 'Aogán Ó Rathaille' (BA agus LSS
eile).

Meadaracht
1–8	/ ua – – / é – – / é – – / í – /
9–10	/ a – – / ó – – / ó – – / é – /
11–12	/ í – – / ó – – / ó – – / é – /
13–16	/ í – – / ú – – / ú – – / é – /
17–20	/ é – – / ú – – / ú – – / é – /

3	*mac Shéarlais*, Séamas II (†1701), mac le Séarlas I (†1649);
	ba rí againn, a bhí mar rí againn.
4	*a shaordhalta*, Séamas III (†1766). Ní i measc a mhuintire féin i Londain a
	cuireadh Séamas II, ach i reilig i bParis.
6	Tagairt do Mhóid an tSéanta (**9**).
8	*na dtrí ríochta*, Alba, Éire agus Sasana.
11	An tImpre, Séarlas VI, a bhí páirteach i gCogadh Chomharbacht na Spáinne
	(1701–14) i gcoinne na Spáinne is na Fraince.
12	*Brícléir*, Séamas III. Chuir a naimhde i leith Shéamais II, go mailíseach, nárbh
	eisean, ach brícléir éigin, ab athair do Shéamas III. Féach: 'brícléir .i. an
	Prionnsa Séamus. Mac don dara Séamus bhí iomráidhte 'na mhac tabhartha
	ag an mbrícléir' (RIA 23 M 11: 196, 236). Féach freisin Ó Buachalla (1996: 278–
	79, 686 n. 55).
15	*Newland*, Méiriceá (An Talamh Úr/Nua).
20	*cheana Ghaelaibh*, do Ghaelaibh .i. cion á thabhairt aige do Ghaelaibh.

II _____

Sa bhliain 1714, thairg parlaimint Londan an choróin don Ghearmánach Seoirse I (†1727), ball de rítheaghlach Hanover. Is ag an am sin, ní foláir, a cumadh an aisling bharócach seo.

Foinsí
BL Add.29614: 61 (1725), Add.31877: 107 (1755); LN G31: 171 (1729), G114: 143 (1740), G 819: 104 (1820); MN M95: 27 (1754), R69: 169 (1848); RIA A iv 2: 74 (1751), 23 L 24: 557 (1766), 23 M 16: 209 (1767); TCD H. 6. 21: 151 (1774); VU Ir 1: 41 (1778) agus LSS eile. In eagar cheana, O'Daly (1846: 40, 1849: 23), AÓR: 18.

Ceannscríbhinní
'Aodhagán Ó Raithille' (LN G31), 'Aodhagán Ua Rathaile cc' (LN G114 agus LSS eile), 'Aodhagan O Rathaile cct .i. Aisling do rinneadh dho' (RIA A iv 2 agus LSS eile), 'Aogán Ua Raithile cct air ghile na gile .i. Éire' (RIA 23 L 24 agus LSS eile), 'Aogán Ua Raithille ct. ar Eirinn' (RIA 23 M 16), 'Tóirígheacht na Síghe Mhná. Aogán Ó Raithile ro chan' (MN R69), 'Éagan Ó Rathail.cct. 1726. D'Éire anuair do chonairc sé í an aisling a bhfuirm mná' (LN G 819).

Meadaracht
1–32 | * i – – *i – – *i – – í ua – |
33–36 | oi – *i – –*i – – ó – í |

1	*do chonarc*, do chonaic mé.
6	A bhaineann an drúcht den fhéar le scuabadh géar. Maidir leis an líne seo, féach O'Rahilly (1950) agus Ó Buachalla (2003).
7	Glacaim leis gurb é an focal *iorra* (= *earra*) atá i gceist agus toisc an comhthéacs (*gloine ar a broinn*) gur seoid nó ornáid ('an ornament' AÓR: 19) a bhrí; *a huradh* atá i roinnt de na LSS luatha.
8	A cumadh nuair a saolaíodh *ise* sna harda.
10	*duine*, Séamas III.
11	*eisean*, Séamas III.
15	Nuair a ghlaos ar Mhac Mhuire cabhrú liom, do bhog an spéirbhean uaim.
19	Ní thuigim cén tslí ar tháinig mé.
20	Go háitreabh den scoth a thóg draíocht na ndrua.
21	*brisid*, briseann siad; thosaigh an bhuíon ag magadh go magúil.
23	*me cuirid*, cuireann siad mé.
25	*d'iniseas dise*, d'inis mé di.
26	*slibire slimbhuartha*, Seoirse I.
27	Séamas III an té ab áille faoi thrí i measc na nGael (mar Shéamas III agus mar rí ar na trí ríochta).
	ar shliocht chine Scoit, na Gaeil.

30 Sileann sruth deor go líofa as a gruanna dearga; *go life* atá sna LSS. Cé go bhfuil tagairt d'abhainn na Life i ndánta eile (**4**: 50, **17**: 9), ní móide go n-oirfeadh sé do chomhthéacs geografúil an dáin seo.

35 *adharcach*, Seoirse I. Creideadh coitianta gur chocól é Seoirse I, is b'í an adharc siombal an chocóil. Féach, mar shampla, *a chocóil na hadhairce* (AÓR: 296), *cuirim adharca air* 'I cuckold him' (FGB 1 s.v. *adharc*).

36 *go bhfillid*, go bhfilleann.

12 ——————

Aoir fhíochmhar ar Mhuircheartach Ó Gríofa, 'rógaire Gaelach gallda'. Sa bhliain 1703, cheannaigh John Asgill (**6**: 84) eastát Sir Nioclás Brún (a coigistíodh sa bhliain 1691) agus sa bhliain 1706 cheap sé Ó Gríofa mar mhaor ar an eastát. Fuair Ó Gríofa léasanna freisin ar thalamh an Chapt. Eoghan Mac Cárthaigh (**5**) i Lios na gCeann agus ar thailte i nDún Ciaráin a bhain le Ó Súilleabhein Mór is le Donncha iarla Chlainne Cárthaigh (RD: 5 / 207 / 1573). Le co. an Chláir (l. 25) a bhain Ó Gríofa ó bhunús is cé gur Chaitlicigh iad a mhuintir, d'iompaigh seisean ina Phrotastúnach (l. 22) is thug Móid an tSéanta (l. 23). Fuair sé bás obann sa bhliain 1718 (l. 10). Bhí droch-cháil ar Ó Gríofa toisc a olcas a chaith sé le tionóntaithe is toisc an chreach a rinne sé ar choillte an eastáit (**4**: 45 n., **6**: 86 n.). Féach KM: 505, AÓR: 354.

Foinsí
LN G1310: 6 (1754); RIA 23 M 16: 218 (1767–76), 23 K 51: 19 (18ú haois), 23 B 37: 53 (1818–22); UCC M40: 5 (1824); UCD C14: 22 (1838); MN M10: 54 (19ú haois). I roinnt LSS (LN, M, K, mar shampla), tagann ll 25–32 roimh ll 1–24. In eagar cheana, AÓR: 96.

Ceannscríbhinní
'Aodhagán O Raithile cct air bhás Mhuircheartaigh Í Ghríofadh róguire gaodhlach gallda et mílteoir ban a ccontae Chiaruig' (LN), 'Marbhna Mhuireataigh Ui Ghríobhtha' (UCC), 'Aodhagan Ó Rathghaile cct. ar bhás Mhuircheartaigh Ui Ghríobhtha' (LSS eile).

Meadaracht
1–4	rannaíocht mhór (scaoilte)
5–8	/ á – a – – a – – ú – í /
9–12	rannaíocht bheag (scaoilte)
13–16	/ í – *i – *i – é – ou /
17–20	rannaíocht mhór (scaoilte)
21–24	/ é – – é – – i – – ú /
25–32	/ é – – – ou – ou – i – á – /
	conachlann idir gach véarsa (*go brách* 4 ~ *go brách* 5, etc.).

3	*Tadhg*, Tadhg Dubh Ó Cróinín, a bhí ina bhailitheoir cíosa ag Asgill (**6**: 84 n.). Thabhaigh sé an droch-cháil chéanna is a rinne a chomráda Ó Gríofa, agus is air a chum Ó Rathaille an aoir phróis 'Eachtra Thaidhg Dhuibh Uí Chróinín' (AÓR: 287).
4	Ní cóir, go deo, Tadhg a scarúint ó Ó Gríofa.
6	*ler creachadh*, a chreach.
20	*tigh na ndaor*, ifreann.

23   Ó shéan tú mac Shéamais (Séamas III) le móid. De réir acht parlaiminte (1709),
        chaith daoine a raibh oifig phoiblí acu Móid an tSéanta ('Oath of Abjuration') a
        thabhairt .i. móid a dhearbhaigh nárbh é an Stíobhartach an rí ceart (féach **9**).
25   *tar Soininn* is mó atá sna LSS.
30   *dá ngoirthear*, ar a nglaoitear. Is é Ó Súilleabháin Mór an té atá i gceist sa líne
        seo. Bhí dhá phríomhionad ag Ó Súilleabháin Mór: Dún Ló, cois Leamhna is
        Dún Ciaráin a dtugtaí Párthas air. Féach Ó Buachalla (2001).
31   Ifreann damanta na nGall a thit chuige ar an taobh eile — sé troithe cúnga de
        reilig Chill Airne.

13 —————

Leagtar cuid mhaith véarsaí aonair ar Ó Rathaille, agus ar fhilí eile, sna LSS. Is dóichí gurb é a chum na cinn seo.

(a)

Foinsí

MN M12: 276 (1818); RIA 23 C 8: 47 (1833), 23 E 16: 281 (1804–08); HL HM4543: 81 (1827); UCC T80: 18 (1895). In eagar cheana, AÓR: 285, FFS: 184.

Ceannscríbhinní

'Eódhagán Ó Raithille cct' (M), 'Aogán Ó Raithille cct' (C), 'duine éigin eile cct' (E); ní luaitear aon údar in HM, T.

Meadaracht

/ i í – i í – a – – ú /

2   Ristín, Séamas III. Foirm cheana de *Risteard* is ea *Ristín*; bhí *Richard* ar cheann
           de na hainmneacha rúnda a thugadh a lucht tacaíochta ar Shéamas III. Féach
           Ó Buachalla (1996: 344–51).

3   Teaghlaigh iad Mullins, Denny is Carrique a tháinig anall ó Shasana sa 16ú/17ú
           haois is a lonnaigh i gco. Chiarraí.
           Muilín, tháinig muintir Mullins go Ciarraí sa bhliain 1666 is lonnaigh cuid acu
           ag Baile an Ghóilín, lasmuigh den Daingean. D'athraíodar a sloinne go de
           Moleyns ina dhiaidh sin is bronnadh an teideal 'Lord Ventry' ar shinsear an
           teaghlaigh. Giúistís ab ea William Mullins (1691–1736).
           Deiní. Sa bhliain 1587, bronnadh 6,000 acra de thailte iarla Deasmhumhan ar
           Sir Edward Denny (1547–99) i dtuaisceart Chiarraí. Is iad a shliochtsan a thóg
           is a shealbhaigh Trá Lí. Bhí an Coirnéal Edward Denny ina MP do Chiarraí sna
           blianta 1703 agus 1713 agus ina ghiúistís.
           Carraic, bhí giúistís den sloinneadh sin (Carrique) in iarthar Chiarraí sa chéad
           cheathrú den 18ú haois.

(b)

Foinse

RIA 23 D 8: 281 (1780).

Ceannscríbhinn
'Rann Aogáin don Ríghe Sémus .i. se aonta agus mus'.

Meadaracht
/ a − − ú − ú − é − − /

2   *an Phrionsa*, Séamas III.
3   .i. 4 + (1 x 2) = 6 (sé).
4   *mus* an Laidin ar *luch; sé + mus =* Séamas.

        (c)

Foinse
RIA 24 P 49a: 111 (19ú haois).

Ceannscríbhinn
'The following is a verse that was composed by Aogán Ó Rathaille, it happened that he was one day travelling and was overtaken by a thunder storm on the evening of the Sunday which compelled him to take refuge in the next house he met with. The man of the house happened to be eating stirabout, and asked him his name and where he was from. Aogán replied and told his name. "Oh", replied the man of the house, "I understand you can compose verses, and if you compose a verse for me I'll leave some of this in the bottom of the dish for you. The man of the house's name was Darby Ryan, commonly called Diarmuid Bán, and lived near Sliabh Luachra, Co. Kerry".'

Meadaracht
/ e − − − e − − − í − á /

        (d)

Foinse
UCD F16: 297 (1886).

Ceannscríbhinn
'Aedhagán Ó Rathaille cct.'

Meadaracht

1–2   / é – – é – – *i – – ou /
3–4   / é   é   *i – – ou /

1   *féile*, b'fhéidir gurb í abhainn na Féile atá i gceist.
3–4   Ó thug Dia slán anall mé, tá áthas orm nach thall ar fhaiche an leasa (mar a
             bhfuil an abhainn ag sceitheadh) atáim.

14 ⸺⸺⸺

Dán Seacaibíteach a nochtann duairceas an fhile, ach fós a dhóchas go bhfillfeadh an
Stíobhartach.

Foinse
RIA 23 G 3: 237 (1715). Cé nach luaitear aon údar leis an dán sa LS, ceaptar gurb é Ó Rathaille
a chum ar an ábhar go bhfaightear dánta eile leis i dteannta an dáin seo sa LS chéanna. In
eagar cheana, FFS: 185, Ó Buachalla (2004: 48).

Ceannscríbhinn
'buachail ruistín Ris anso'.

Meadaracht

1–16	/ a – – ua – ua – *i – – í /
17–20	/ x – á – á – *i – – í /

2	*thigeas*, a thagann; *do thigeas* atá sa LS.
3	*inis Loirc Fhlainn*, ainm fhileata ar Éirinn; cf. *ráth Loirc* **4**: 48, *ó chlár Loirc Éibhir* **5**: 84 n.
4	*buachaill Ristird*, Séamus III. Bhí *Richard* ar cheann de na hainmneacha rúnda a thugadh a lucht tacaíochta ar Shéamas III (féach freisin *Ristín* **13a**: 2). Tá imeartas focal i gceist idir an dobhriathar *arís* (< *do rís*) agus an sloinneadh 'de Rís'. Féach Ó Buachalla (1996: 344, 351).
	dár, cé gur *dár* atá sa LS sa líne seo, *dhár* atá in 8, 12, 16.
7	Ní cheannaíonn an uaisle (foireann an ghrinn) dánta (suairceas duan) a thuilleadh.
14–15	*go bhfeiceadsa*, go bhfeice mé; *le ngluaisid* le a ngluaiseann; *gasra shluaitibh*, gasra de shluaitibh.
	Go bhfeice mé an t-am a ngluaisfidh an fharraige (tuilte) gasra de shluaitibh thar toinn.
17	*do thagas*, a thagann; b'fhéidir gurbh fhearr *do thigeas* (cf. l. 2) a léamh, ach féach thuas **6**: 50 n.
19	D'ólfainn a lán sa tslí go dtitfinnse dá bharr.

15 ———————

Turas dar thug an file ar chaisleán an Tóchair mheas sé, ar fheabhas na fáilte a cuireadh roimhe, go raibh an sean-únaeir, Tadhg an Dúna, fós beo. File ab ea Tadhg an Dúna Mac Cárthaigh (c.1642–96) a raibh cáil na féile ar a mhuintir roimhe (Mac Cárthaigh na Féile a thugtaí orthu) agus air féin. Bhí áitreabh le sinsireacht acu i gcaisleán an Tóchair i nGleann an Chroim in iardheisceart cho. Chorcaí. Scríobh file anaithnid i dtaobh an cheantair:

> Is í mo dhúiche Gleann an Chroim,
>   dúiche nár shéan Críost ná a chléir;
> dúiche fhial do thuill gach clú
>   ba ríoga rún is ba rómhaith réim. (RIA 23 N 32: 13, 23 G 27: 8)

Toisc Tadhg a bheith páirteach ar thaobh Shéamais II i gCogadh an Dá Rí (1689–91), coigistíodh a chuid tailte is cheannaigh Sir Richard Cox (1650–1733) ó Dhroichead na Bandan, co. Chorcaí, iad. Bhí seisean ina 'Lord Chancellor of Ireland' sa bhliain 1703. Tháinig an cuntas seo ar Thadhg anuas:

> Ní Tadhg an Dúna d'ainm,
> ach Tadhg gan dún, gan daingean,
> Tadhg gan bó gan capall,
> i mbotháinín íseal deataigh,
> Tadhg gan bean gan leanbh. (MM: 137)

Scríobh Dónall na Tuile Mac Cárthaigh tuireamh air: *Ábhar tuirse, bróin is baoghail* (RIA 23 N 15: 129).

Foinsí
RIA 23 N 11: 133 (18ú haois), MN M6: 156 (1818). In eagar cheana, AÓR: 38.

Ceannscríbhinní
'Aodhgán Ó Raithille a ccaisleán an tóchair cctt.' (N), 'Aodhagán Ó Raithille cct.' (M).

Meadaracht
3A + B

1–3	/ ú – i – – ú – í /
4	/ — ú – /
5–7	/ a – – a – – ó – í /
8	/ — ou – /
9–11	/ ó – a – – é – í /
12	/ — ou – /

13–15	/ ú – a – – ú – í /
16	/ — ou – /
17–19	/ á – a – – é – ú /
20	/ — ó í /
21–23	/ ia – *i – – é – á /
24	/ — ó í /

2   Is mó Doire in iarthar Mumhan (Dúiche Ealla, Múscraí, Cairbre i gco. Chorcaí; Lios Tuathail i gco. Chiarraí, mar shampla) ach, b'fhéidir, gurb é Doire i gco. Luimnigh atá i gceist anseo. Ós rud é gur léir ón gcomhthéacs (ó ... go) go bhfuil fad maith tíre i gceist agus go bhfuil an Mhumhain luaite cheana féin, is dóichí nach sa chúige sin atá an dara logainm a luaitear. Is mó Dún na Rí/Dún an Rí in Éirinn (co. Thír Eoghain, co. na Gaillimhe, co. Mhuineacháin, co. an Chabháin, mar shampla) ach glacaim leis, cé nach bhfuil sin cinnte, gurb é an baile fearainn den ainm sin lastoir de Bhaile Locha Riabhach atá i gceist. B'fhéidir, gan amhras, gurb é an baile aitheantúil Dún an Rí (Kingscourt), co. an Chabháin atá i gceist.

3   sinn = mé (iolra thar ceann an uatha); cé go raibh mé súgach.

7   aig caramhas, agcaramhas atá sna LSS; is deacair a rá cé acu ag carbhas nó i gcarbhas atá i gceist.

15   Drong ag guí le sailm nó ag guí as leabhar na salm (?).

16   leágam atá sna LSS; léamh, b'fhéidir, is ceart.

17   Ní oireann bhfuaras do phatrún na meadarachta (/ á – /).

18   Warner, an t-únaeir nua ar chaisleán an Tóchair. Ní fios go cinnte cé tá i gceist, ach bhí muintir Warner lonnaithe i gceantar Dhroichead na Bandan roimh 1700.

19   do bhá, do bhí.

16 _____

Aisling eile a thagraíonn, dá fhantaisí í, do ghníomhaíocht thubaisteach mhíleata éigin (l. 12) ach, ar a shon sin, a chríochnaíonn le fáistine dhóchasach (l.20). Chuir Eoghan Ó Comhraí síos air mar 'A Jacobite poem ... having reference to some political movement in which several of the Irish and Anglo-Norman chiefs are called upon to take part' (RIA RR 67 E 7: 389), ach is deacair tagairtí uile an dáin a thuiscint ná a shuíomh. Thabharfadh an tagairt don diúic (l. 9) agus do rí Philib (l. 14) le tuiscint gurb í iarracht na bliana 1719 atá i gceist. An bhliain sin, d'eagraigh Séamas Buitléar, diúc Urmhumhan, le cabhair rí na Spáinne, loingeas le hionsaí a dhéanamh ar an Bhreatain. Chabhraigh an Fhrainc (l. 15) leis an Bhreatain an t-ionsaí a chloí.

Foinsí
RIA 23 A 18: 53 (19ú haois), 23 E 12: 185 (1846), 23 H 30: 127 (19ú haois); IL 7: 91 (1835); MN C45: 3 (1811); JH 2: 396 (1850) agus LSS eile. In eagar cheana, O'Daly (1846: 43), AÓR: 110.

Ceannscríbhinní
'Aodhgan Ó Raithille, cecinit' (A is LSS eile), 'Tional na bh-fear Muimhneach, Eoghan Ó Raghailliche cct' (E), 'The Gathering of the Munster Men by Owen O Reilly, a Munster poet of great distinction, and who lived about 1725' (H), 'Aodhagán Ó Raithile, cct' (M), 'Tionól bhFear Mumhan Aodhgán Ua Rathaille' (IL).

Meadaracht
3 A + B

1–4	/ ua – – í – – ua – – í – – ua – – í – – o – /
5–6	/ ó – – ó – – ó – – i – /
7–8	/ í – – ó – – í – – ó – – í – – ó – – *i – /
9–12	/ ú – – é – – ú – – é – – ú – – é – – *i – /
13–15	/ oi – – ou – – oi – – ou – – oi – – ou – – *i – /
16	/ í – – ou – – í – – ou – – í – – ou – – *i – /
17–20	/ á – – é – – á – – é – – á – – é – – *i – /

9   Bhí dhá ghéag den teaghlach ann: Brúnaigh Chiarraí a raibh áitreabh acu i Mucros, in aice Loch Léin, agus Brúnaigh Luimnigh a raibh áitreabh acu i gceantar An Ospidéil, co. Luimnigh (**6 n.**). Féach *Brúnach Tuirc* is *Brúnach Éile* (O'Rahilly 1952: 77 § 393).
     an diúic, Séamas Buitléar (1665–1745), an dara diúc Urmhumhan, is dócha (*is a ghaolta ó Chill Chainnigh atá in JH*). Is é a bhí i gceannas ar an bhfórsa sluaíochta a tiomsaíodh sa Spáinn sa bhliain 1719 chun ionsaí a dhéanamh ar an Bhreatain.

11	*tig*, tagann; *smeirle*, tá an nóta seo in M: 'William Duke of Cumberland who defeated Prince Charles at Culloden 1746'.
13	*tig*, tagann; *ceann cait*, Seoirse I, is dócha. Luaití *adharc* agus *feam* go droch-mheastúil leis sa phropaganda Seacaibíteach. Féach thuas **11**: 35 n. agus Ó Buachalla (1996: 295–96, 687 n. 3).
	Ní thagann *Bhriostó* le patrún na meadarachta (~ *leigheas* ~ *hadharca*).
14	*rí Philib*, Pilib V (1685–1740), rí na Spáinne, a bhí báúil le cúis na Stíobhartach agus a chabhraigh le hiarracht na bliana 1719.
16	Níor thuras in aisce dom leithéidse turas a thabhairt ar shíofraí Chnoic Samhna.
17	*tig*, tagann.
19	*an Fánaí*, Séamas III; *cé ráitear leis bréaga*, cé go scaiptear bréaga ina thaobh (tagairt, is dócha, do na ráflaí mailíseacha a dúirt nárbh é Séamas III mac dílis a athar; féach **10**: 12).
20	*ní raghainnse ansúd aon troigh 'na choinne* atá i roinnt LSS.

17 —————

Seánra coiteann go leor i bhfilíocht an 18ú haois é 'an dán deiridh' ach, gan amhras, ní gá glacadh leis go litriúil gur ar leaba a bháis a chum an file é. Is neamhghéilliúla agus is éifeachtaí mar ráiteas é má ghlactar leis gur dán luath dá chuid é. Éagaoineadh maorga eile ar thurnamh na gCárthach é an dán, ach dá chumasaí é mar reitric mhothaitheach ardaigeanta, tá deacrachtaí áirithe ag baint leis toisc nach bhfuil cuid de na tagairtí príomha (*ár gcodhnach* l. 3, *Goll* l. 17, *an seabhac* l. 19) soiléir.

Foinsí
BL Eg.150: 226 (1774); RIA 23 M 16: 219 (1767–76), 24 C 56: 89 (1775); MN C25a: 27 (1773); PÓR 1: 41 (1775); MF PB9: 39 (1775); UCC T12b: 17 (1778); UCD C14: 86 (1838) agus LSS eile. In eagar cheana, AÓR: 114.

Ceannscríbhinní
'Aodhgán Ó Rathaille cct. os leaba a bháis ag sgríobhadh gus a charaid iar ndul a néadóchas do a ccúisibh áirighthe' (Eg., C, MN, PÓR, T agus LSS eile), 'Aodhgán Ó Rathaille air leaba a bháis ...' (MF), 'An fear céanna cct' (M), 'Aogán Ó Rathghaille cct' (UCD).

Meadaracht
1–24	/ ou – *i – – *i – – í ó – /
25–28	/ a – – a – a – é – í /

1   ní *ghairfead*, ní *ghairfidh* mé; *ghairfiod* atá i bhformhór na LSS; *ghuirfead* in M agus C14. Féach thuas **6**: 50 n.

2   *ngairfinn* atá i bhformhór na LSS; *nguirinn* M, *ngairinn* MN C93, *ngoirin* UCD.
    an leabhar, an Bíobla. Fiú amháin dá nglaofainn ar chabhair, níor ghaire dhom í dá bharrsan.
    an ní, cabhair.

3   *ár gcodhnach*. Dá mb'fhéidir linn an té seo a ainmniú bheadh suíomh stairiúil an dáin níos soiléire. Is cinnte go bhféadfaí a thuiscint as an nath *ar feochadh* (féach Foclóir) go bhfuil an té sin marbh, agus d'fhéadfaí é sin a thuiscint chomh maith as *is tollta agus d'imigh a bhrí* (l. 4) ach, gan amhras, níor ghá gur marbh atá sé ach é a bheith gan bhrí, gan neart, gan ghradam. B'é Cormac Mac Cárthaigh Mór (†c.1698) an t-aon duine amháin den teideal sin a fuair bás le linn Uí Rathaille, ach is beag eolas atá againn air (l. 27 n.). Ós rud é gur aiste stairiúil é an dán (ll 8, 12, 21, 26), is dóichí gurb é Dónall Mac Cárthaigh Mór (†1597) atá i gceist aige — an duine deireanach den teideal sin a raibh tiarnas feidhmiúil aige (**3**: 5 n.). Ach *glac-chumasaigh ... a gcuisle ... a mbrí* atá in M agus C14, léamha a thugann le tuiscint gurb iad na Cárthaigh trí chéile atá á gcaoineadh. Fós, is duine amháin cinnte atá i gceist i l. 17.

8   Sa bhliain 1588, rinne Dónall Mac Cárthaigh Mór morgáistiú ar chuid mhaith

(c.6,500 acra) dá thailte le Sir Valentine Browne (†1589) ar bheagán airgid (l. 17 n.). Is cinnte gurb iad na Brúnaigh an fhoireann 'ó chríoch Dóbhair' (.i. ó Shasana, b'as Lincolnshire do na Brúnaigh), agus is dóichí gurb é an morgáistiú sin atá i gceist le *i ngeall re pingin*, ach rinne Raghnall Mac Cárthaigh Mór (†c.1730) freisin morgáistiú ar ghabháltais iomadúla dá chuid feadh a shaoil (**22**: 3 n.).

12   Tagairt do Chath na Bóinne (1690) inar bhain Uilliam Oráiste (*an cuireata*) bua ar Shéamas II (*an rí coróineach*).

16   *foghar na muice*. Tagairt don ghlór a thagann ón eas i dTorc lasmuigh de Chill Airne, is dóichí; muc nach féidir a mharú le saighead é an t-eas. Ní móide gurb é a bhás féin atá á thuar ag an bhfile anseo (FFS: 120, 197 n. 66). Luann Croker (1978: 97) scéal béaloideasa i dtaobh toirc a chónaigh ag an eas, ach ní heol dom aon leagan eile den scéal.

17   Ní furasta a chinntiú cé hé *Goll na* ... An líomatáiste talún atá i gceist, b'é Mac Cárthaigh Mór a bhí mar thiarna air le sinsireacht go dtí go bhfuair na Brúnaigh seilbh air ag deireadh an 16ú haois:

> Conveyence whereby the Right Hon. Donald, Earl of Clancarre, granted and conveyed to Sir Valentine Browne and Nicholas Browne the manors and lordships of Cosmaigne, Onaught O'Donoghue ... in the counties of Desmond, Kerry, and Cork ... and also the towns and lands of Naffoyry, Rosindievan, and Chommoelam, within the country called Cosmaigne ... To hold for ever, subject to redemption on payment of £421 1s. 2 d., and £141 13s. 3d. (Morrin 1862 ii: 170)

Sa bhliain 1620, dheimhnigh Séamas I (KM: 353) seilbh dhlithiúil na mBrúnach ar na tailte sin ach coigistíodh ag deireadh an 17ú haois iad (toisc gur ar thaobh Shéamais II a throid na Brúnaigh i gCogadh an Dá Rí) agus díoladh le John Asgill iad sa bhliain 1703 (**6**: 84 n). Bhí seisean pósta le iníon Sir Nioclás Brún, ach ní móide gurb eisean Goll. Tugann meanma an dáin le tuiscint gur Cárthaigh atá i gceist tríd síos (ll 3, 17, 21, 26) agus is eol dúinn gur chuaigh Sir Nioclás thar lear ag deireadh an 17ú haois (**6**: 53 n.). Ní mór an Capt. Eoghan Mac Cárthaigh (**5**) a chur san áireamh, ach ní raibh, chomh fada agus is eol dom, críoch Eoghanacht ina sheilbh riamh agus d'éirigh leis a thailte a athshealbhú sular éag sé (AÓR: 209).

19   *an seabhac*. Níl sé cinnte cé tá i gceist. Buafhocal molta é, de ghnáth, *seabhac* i bhfilíocht Uí Rathaille (féach Foclóir), ach is léir nach moladh atá i gceist anseo. Is é John Asgill (**6**: 84 n.) a bhí ina thiarna talún ar na tailte sin (ar leis na Cárthaigh ó cheart iad) idir 1703 agus 1716, agus sa bhliain 1720 shealbhaigh Sir Vailintín Brún (1694–1736) iad. Seans maith gurb eisean atá i gceist (**22**).
       gá bhfuilid, ag a bhfuil siad (.i. na tailte sin) uile.

20   *don duine*. Más é Sir Vailintín Brún *an seabhac* (l. 19), is dóichí ar fad gurb é

Raghnall Mac Cárthaigh Mór (**22**: 3 n.) an *duine*; bhí *gaol* eatarthu sa mhéid gur de Chárthaigh Mhúscraí iad sin-seanmháthair agus sinsin-seanmháthair Vailintín (**6**: n., 4 n.). Ní fhéadfadh gurb iad Sir Nioclás Brún agus Sir Vailintín Brún an bheirt atá i gceist (FFS: 120 n. 20): ní raibh *cíosóireacht* ar na tailte sin ag Vailintín go dtí go bhfuair a athair Nioclás bás sa bhliain 1720.

21   *cine na rí mórga*, na Cárthaigh.

23   *chuirid*, a chuireann.

24   Abhainn Mhór na Mumhan a éiríonn i dTruipill agus a théann i bhfarraige in Eochaill.

          do shileas, a shileann.

26   *dragain Leamhan, Léin is Laoi*, na Cárthaigh.

27   *le searc*, is deacair a rá cé acu duine áirithe amháin atá i gceist ('with the beloved of the heroes') nó an é go rachaidh sé ina measc *le searc* ('with love for the heroes'). Más duine áirithe atá i gceist, is é Cormac Mac Cárthaigh Mór (†c.1698) an t-aon duine amháin den teideal sin a fuair bás le linn Uí Rathaille (**3**: 5 n.). Bhí sé ina Choirnéal in arm Shéamais II in Éirinn agus ina ghobharnóir ar Charraig Fhearghusa sa bhliain 1690, ach is beag lua atá air ina dhiaidh sin. Cé gur thóg sé páirt shonrach i gCogadh an Dá Rí (1689–91) ar thaobh Shéamais II, níor cogaistíodh a thailte a raibh fós na mílte acra iontu (KM: 150–53). Is é a mhacsan, Raghnall (†c.1730), a shealbhaigh an t-eastát agus an teideal 'Mac Cárthaigh Mór' — teideal a bhí air ó 1703 ar a dhéanaí (KM: 145). Ní fíor (FFS: 118) gur ar bhás Raghnaill a chum Ó Rathaille an dán seo: d'éag Ó Rathaille roimh Raghnall (Ó Buachalla 2004: 16).

28   *fá raibh*, faoina raibh; na taoisigh a bhí os cionn mo shinsir.

18 _____

Tuireamh ar thriúr clainne de mhuintir Chróinín. Níl sé soiléir cén teaghlach atá i gceist agus
níl na LSS ar aon fhocal ina thaobh. Glacaim le ceannscríbhinn M, ach ní móide gurb é an
Tadhg Ó Cróinín é a bhfuil cur síos air in 'Eachtra Thaidhg Dhuibh Uí Chróinín' (AÓR: 287,
6: 86 n.).

Foinsí
RIA 12 E 22: 133 (1754), 23 M 16: 217 (1767–76), 24 L 14: 230 (1779); BL Eg.160: 159 (1781);
MN C62: 238 (1790), C13: 29 (1807) agus LSS eile. In eagar cheana, AÓR: 46.

Ceannscríbhinní
'Aodhgán Ó Raithille cc.' (E agus LSS eile), 'Aodgan ua Raitile cc ar bhás triuir clainne Taidhg
Ui Chróinín' (M), 'Aodhgán Ó Rathuille cct air bhás trír chloinne Pháttraig Uí Chróinínn'
(C13 agus LSS eile).

Meadaracht
2 A + B + A

1–8	/ é – – ó / é – – ó / é – – é / é – – ó /
9–16	/ ia – – ai / ia – – ai / ia – – ia / ia – ai /
17–24	/ é – – í / é – – í / é – – é / é – – í /
25–32	/ í ú – í / í ú – í / í ú – í ú / í ú – í /

19 ————————

Dán fáistiniúil gairdeachais ar an gcleamhnas a rinneadh sa bhliain 1720 idir Honóra Buitléar, iníon leis an gcoirnéal Tomás Buitléar ó Chill Chais, agus Sir Vailintín Brún, mac le Sir Nioclás Brún ó Chill Airne. Coigistíodh eastát Sir Nioclás sa bhliain 1691, ach ar feadh a shaoilsean amháin, is bhí an t-eastát le sealbhú ag a mhac, Vailintín, ar bhás a athar (**6** n.).

Foinse
RIA 23 D 8: 255 (c.1780). In eagar cheana, AÓR: 232, Breatnach (1993: 133).

Ceannscríbhinn
'Aogán ua Raithile cct an déagh-fháisdin don Tighearna Brúnach chilláirne, agus do choirnéul Builtéar chille-Caise, air na ndhéanadh cleamhnuis re chéile; go mbeidhach síor-sheilbh a bhfearantuis ag á sliocht'.

Meadaracht
1–4	/ í – – í – – á – – í – – á – – í /
5–8	/ é – – é – – ú – – é – – ú – – ia /
9–12	/ ia – – á – – ú – – ia – – ú – – ó /

1	do reímh-fhionnas atá sa LS. Cé go bhfuil brí na líne soiléir (do nocht draoithe agus fáidhe an fháistine a rinne Pádraig, Bríd is Colum Cille), ní furasta foirm na LS a mhíniú. Thabharfadh an deireadh —as le tuiscint go mb'fhéidir gur foirm bhr. é, ach is léir gur ainmfhocal atá i gceist toisc an séimhiú ar Pádraig is Bríd. B'é réiteach an Duinnínigh (AÓR: 232) réimhfhionnadh (< réamh + fionnadh a. br. < fionn) a léamh toisc gur léir gur 'tairngreacht' is brí don fhocal (féach fionnadh 5: 196, 262). Mhol Ní Dhroighneáin (1983: 144) réimhfhionnacht ar an tuiscint gur f̄ (an nod do cht) b'fhéidir, a bhí sa bhunchóip, ach ní heol dom an focal fionnacht a bheith ann (ach féach fionnachtain). Góstfhocal is ea réimeannas, an coigeartú a rinne Breatnach (1993: 133). Is fiú a mheabhrú nach é (ach í) a theastaíonn sa chéad siolla de réir na meadarachta (~ líonta de ~ rí Chille ~ dtíodh scrios is). Ar an ábhar sin, ceapaim gur fearr cloí le foirm na LS is rímhfhionnas a léamh cé nach léir cén dara heilimint atá sa chomhfhocal. B'fhéidir gur iomas 'intuition' (FGB s.v.) < imbas 'inspiration, foreknowledge' (DIL s.v.) a bhí sa bhunchóip.
3–4	Ó bhronn an Buitléarach a iníon ar an mBrúnach, gur ag a gclann mhac a bheidh seilbh na háite go deo.
5	Éisias, Iseáia atá i gceist; Ésaias atá sa LS.
7	Go dtréigfeadh Dia iad de bharr olcas a gclaoine nár umhlaigh siad dá riail.
8	Dá mbeidis ciontach i séanadh Dé, go scriosfadh sé go hiomlán iad le neart claímh.

9   Níl tús na líne seo slán ó thaobh na meadarachta de, ach is deacair leasú sásúil
           a mholadh.

12   Iarraim ar an gCruthaitheoir a sliocht uasal a bhuanú ina ndiaidh.

20 _____

Dán pósta a cumadh nuair a phós Sir Valentine Browne (1694–1736) ó Chill Airne Honóra Buitléar (†1730) ó Chill Chais. Pósadh iad i mí na Samhna 1720, an bhliain ar shealbhaigh an Brúnach idir theideal ('Viscount Kenmare') is eastát a athar, Sir Nicholas Browne (†1720).

Foinsí

RIA 23 D 8: 279 (c.1780), 23 E 12: 246 (19ú haois). Síolraíonn na cóipeanna eile ó eagrán O'Daly (1849: 90): RIA 24 L 12: 353 (1856); LN G 658: 107 (1854); UCC 135: 85 (19ú haois). Is é ord na línte sna LSS 1–8, 9–12, 25–28, 13–16, 17–24, 29–36 ach tá athordú déanta agam orthu ar bhonn na meadarachta. Níl ll 33–36 in O'Daly (1849: 90). In eagar cheana, O'Daly (1849: 90), AÓR: 172.

Ceannscríbhinní

'Aogán Ó Raithile cecinit, an epitalámium — i 'ccil áirne don Tighearna Brúnach Chinn-Mara; air n phosadh ré hInghean choirnéil Builtéar chille caise' (D), 'Epitalamium do an Tíghearna Brúnach Chinn-mara air na phósadh le h-inghin Choirneil Builteir Chill-caise. Eogan O Raghaillighe cct.' (E), 'Aodhgean Úa Rathaille cct. air Réaltan Chill Chainnich' (L), 'Realtan Chill-Chainnich. Aodhagan Ua Rathaille cct' (G, UCC).

Meadaracht

3A + B

1–8	/ é – – ú – – é – – ú – – é – – ú – – *i – /
9–16	/ í – – á – – í – – á – – í – – á – – *i – /
17–24	/ ua – – á – – ua – – á – – ua – – á – – *i – /
25–32	/ é ó – ua – – é ó – ua – – é ó – ua – – *i – /
33–36	/ é – – ua – – é – – ua – – é – – ua – – *i – /

1	táid, tá.
8	Ba gharneacht í Honóra Buitléar le Séamas Buitléar (1610–88), diúc Urmhumhan, a bhí ina fhear ionaid ag Séarlas II in Éirinn idir 1661–69 agus 1677–84. Is i gCill Chainnigh a chónaigh sé.
10	thig, tagann.
12	Sir Vailintín Brún.
13	Tá sé ina gharda ar thailte ísle is arda (féach **21**: 13) nó, b'fhéidir, ina gharda ar dhaoine, idir uasal is íseal (féach **16**: 3).
14	Is fáilte á cur go grámhar roimh na mílte; *dá fháiltiú* atá in E.
16	*ar dhantaidhe* / *ar dhántaibh* atá sna LSS, ach is fearr, is dóigh liom, a oireann *ar bhántaibh*.
18	Ó tharla an pósadh.
26	*luaitear le drongaibh, a luann daoine.*

27   *O Dhé dhil tabhair buadh dhóibh* atá sna LSS.

29   Tagraíonn an *claochló ar chruacheist*, is dócha, don tuiscint go raibh an deacracht
          ina raibh na Brúnaigh go dtí seo thart agus go raibh Vailintín Brún (*an t-aon
          cóir*), agus é ag teacht i seilbh a eastáit, ag buachan ar a naimhde (cf. l. 35). Ní
          móide gur tagairt do Shéamas III é.

33   *ruainteacht* atá sna LSS, ach níl aon sampla eile den fhocal agam; glacaim leis
          gurb ionann é agus *ruaiteach*.

35   Faoin tiarna uasal a d'imigh uainn a theacht ar ais slán.
          dul, ag dul; *dul* atá in D agus in O'Daly, b'fhéidir gur *a dhul* atá i *gceist*; *faoin'n
          saorfhlaith d'fhuil uaislibh* atá in E.

36   *a bheas*, a bheidh.

21 _____

Tuireamh ar Dhónall Ó Ceallacháin (†1724), mac le Donncha Óg Ó Ceallacháin (†1698). I bPobal Uí Cheallacháin, i nDúiche Ealla, i dtuaisceart Chorcaí a chónaigh muintir Cheallacháin le sinsireacht, agus is i gCluain Mhín (l. 17) a bhí an príomháitreabh acu. Toisc seanathair Dhónaill a bheith páirteach in éirí amach 1641, aistríodh an teaghlach go co. an Chláir. Ach bronnadh roinnt bheag dá dtailte ar ais orthu sa bhliain 1660 agus d'fhill cuid den teaghlach ar Chluain Mhín. Sa bhliain 1724, d'ainmnigh Melchior Lavallin, a chónaigh i mBaile na mBuailteoirí lasmuigh de chathair Chorcaí, a fhear gaoil, Dónall Ó Ceallacháin, mar sheiceadóir ar a eastát. Is ag comhlíonadh dhualgaisí an tseiceadóra a bhí Dónall nuair a fuair sé bás i gCorcaigh sa bhliain sin. Chum Ó Rathaille tuireamh eile ar Ó Ceallacháin (*Saighead-ghoin nimhe trí inchinn Fódla* AÓR: 70) is chum Seán Ó Murchú na Ráithíneach tuireamh (*Duairceas go héagaibh, 's i nduantaibh níl réiteach*) air freisin (Ó Donnchadha 1954: 73).

Foinsí
RIA 23 M 16: 210 (1767), 23 G 20: 294 (1792–95); LN G230: 64 (1821); IL 8: 92 (1824); UCD F 1: 525 (1897) agus LSS eile. Tá ll 13–16 ar lár in IL agus is é ord na línte in LN 1, 11, 2, 12, 9–10, 3–8, 13–28. In eagar cheana, AÓR: 92.

Ceannscríbhinní
'An fear céadna ct. ar bhás Ui Cheallacháin the following is only the conclusion to the elegy'[1] (M), 'Aogán Ua Raithile do Ceallacháin cc' (G), 'Aogán Ó Rathaille cct. air bhás Dhomhnaild Uí Cheallacháin' (LN agus LSS eile), 'An file ceadna cct. D'Ó Ceallacháin. Toireimh' (IL), 'Tuireamh Uí Cheallacháin Aedhagán Ó Rathuille cct' (F).

Meadaracht
1–16	/ é – – é – – í – – é – – í – – á /
17–20	/ a í – a – á ua – – a – – ua – – í /
21–24	/ a í – a – á ó – – a – – ó – – í /
25–28	/ a – – a – a – a – á é /

2	péarla … ar réab gliceas an bháis é.
10	is bocht an maíomh dom é mura ndoirtfidh mé fuil mo chroí ar an gcré.
	muna dtréigfeadsa, mura dtréigfidh mé.
12	*mar sinn*, mar mé (iolra thar ceann an uatha).
15	d'éirigh na péisteanna uile as an snámh.

---

1 In Add. agus i LS eile (LN G206: 67) is mar *ceangal* leis an tuireamh eile a chum Ó Rathaille ar an bhfear céanna (AÓR: 70) a fhaightear an dán seo.

17   *gurb é seabhac* is mó atá sna LSS ach is fearr, dar liom (ó thaobh na meadarachta is comhréire), a oireann *sé*.

20   *cois Laoi, / a í /* a éilíonn an mheadaracht. Is i gCorcaigh a fuair Dónall bás agus cuireadh i gCill Chré é.

23   *I ngealinse i gcathair* ... atá i gcuid de na LSS. Glacaim leis gurb é neamh atá i gceist.

22

Aoir ar Sir Valentine Browne (1694–1736), an té a shealbhaigh eastát na mBrúnach ar bhás a athar, Sir Nioclás Brún, sa bhliain 1720. Cé gur i Sasana a rugadh is a tógadh Vailintín, thugadh sé turasanna rialta ar an eastát le linn a óige. Chuimsigh an t-eastát 120, 000 acra i dtrí chontae (co. Luimnigh, co. Chorcaí, co. Chiarraí). Bhí fiacha troma is drochbhail ar an eastát nuair a shealbhaigh Vailintín é, ach thug seisean chun sochair is chun rathúnais arís é. Is deacair a rá cathain a scríobhadh an dán. Is cinnte gur i ndiaidh 1720 (**19, 20**) é agus is léir go raibh Ó Rathaille fós ag scríobh dánta do theaghlach an Bhrúnaigh sa bhliain 1727 (thuas lch 7). Más ina dhiaidh sin a scríobhadh an aoir seo, tharlódh gurb é an dán deireanach dá chuid é. Tugann na dánta **19, 20, 22** le tuiscint go raibh idir mholadh agus cháineadh tuillte ag an mBrúnach. De réir dáin a tógadh síos ó bhéal a dtugtar 'Moladh agus Cáineadh Bhailintín Brún' air, bhí, cinnte, dhá thaobh is dhá dhearcadh air: 'An Fileadh Dá Mholadh: *Tá béithe go déarach ó Chaiseal aoibh Mumhan ... An Leas-Mhic Dá Cháineadh: Is baoth leamh in Éirinn 's is marbhaighe cúis ...*' (UCG H44: 42, UCC T87: 150).

Foinsí

RIA 23 N 15: 35 (1740), 23 G 20: 183 (1792–95), 23 G 21: 363 (1795–1828), 23 C 8: 96 (1833); MN M10: 251 (19ú haois), M12: 86 (1818). In eagar cheana, AÓR: 30.

Ceannscríbhinní

'An fear céadna cct iar ndul dho le dán go nuige Sir Valentine Browne, 7 mur nach fuair uaidh acht éara, eiteach 7 lándiúlta, do ro chúm an déantús beag so láithreach mur leanas' (C), 'Aodhgán O Raithile cctt.' (N, G, M 12), 'Eoghan Ó Raithille cct.' (M 10).

Meadaracht

1–16	/ a – – ia ia – – a – í ú /
17–24	/ ú – a – a – á – í /

2	*ar thaistel*, níl an fhoirm sin in aon LS; *ag taisdiol* atá in N agus M10, *iar thaisteal* sna LSS eile.
	iasachdach atá sna LSS, ach sáraíonn sin patrún na meadarachta (/ ia – – /).
3	Smál nó anró éigin a bheith ar ghrian an iarthair (Mac Cárthaigh Mór) — an té ar dó is dual ríocht Mumhan. Is ag Raghnall Mac Cárthaigh (†c.1730) a bhí an teideal sin ag an am. Chum Seán Rua Ó Síocháin véarsa air 'an tan do pósadh é le Máire Inghean Chormaic Bhaile Aodha':

> Is abhar maímh don tseabhac ghroí de scoth na Blarnan,
> is teannghníomh gan leamhas d'insin d'fhearaibh Fáil sin,
> an tseangmhín ó leabharshnaidhmeadh d'ainm Rághnaill,
> is le seandlí gur banríon í ar Chaiseal ard-Choirc.
> (RIA 23 N 32: 24, 23 G 20: 299)

Ach níor dhuine róthíosach é Raghnall, is toisc ganntanas airgid a bheith air feadh a shaoil scaoil sé uaidh breis agus fiche gabháltas dá chuid le muintir Herbert, Egar, Clarke, Falvey, Morris is teaghlaigh eile idir 1711 agus 1727 (KM: 7–8, RD 9/345/3794–54/298/35827). Faightear an cuntas seo air sa bhliain 1729: 'A Milesian prince of a drunken and extravagant character, commonly called Mac Carthy More' (SKR ii: 182). B'fhéidir go raibh bunús éigin leis an gcuntas: *scáth cliste dáimhe is fear cosnaimh don chúig / noch fhágbhas gach tábhairne go follamh 'na shiúl* a thugtar air i ndán a chum Tomás Ó Súilleabháin (*Céad fáilte roimh Rághnall mac Cormaic chughainn*, RIA 23 C 26b: 32). Ar bhás Raghnaill, scríobh Eoghan Ó Súilleabháin ó Cheapach na Coise tuireamh air (*Atá smúit san spéir is fraoch is fearg nimhneach* AÓR: 188, Ó Buachalla 2004: 15) agus is é mac Raghnaill, Fínín, a shealbhaigh idir eastát is theideal, teideal a bhí air ó 1732 ar a dhéanaí (RD 82/96/57143). B'eisean an duine deireanach den teaghlach ar scríobhadh dánta Gaeilge dó. Phós Fínín duine de mhuintir Herbert, agus is tríd an gcleamhnas sin a shealbhaigh an sliocht sin a raibh fágtha de thailte oidhreachtúla Mhic Cárthaigh Mhóir (MM: 91).

5   *ar dtúis*, tosaím le Caiseal. De réir an tseanchais, is le Caiseal Mumhan a bhain na Cárthaigh i dtús báire.

6   Áitreabh Bhriain (Bóraimhe) i gCeann Cora, co. an Chláir nó, b'fhéidir, tailte Bhriain in Urmhumhain.

       ciarthuilte mhadraíbh, ciarthuilte de mhadraíbh; glacaim le *úsc*, ach dar le Dinneen (AÓR: 30) gur *madraí uisce* atá i gceist.

7   *Dúiche Ealla*, i dtuaisceart Chorcaí, gan éinne den trí theaghlach ríoga a rialaíodh ann: Mac Amhlaoibh, Ó Ceallacháin, Ó Caoimh. Chaill na teaghlaigh sin a dtailte san 17ú haois. Féach 'Ó Caoimh ... ar phobal Uí Cheallacháin agus ar Chlainn Amhlaoibh, óir is beag nár fhágas fear inste scéala insna trí tuaithibh sin ach stoic agus caoirigh gallda' (AÓR: 292); *Mac Donnchadha ... 's na trí mic rí do bhí fé sin* (O'Rahilly 1952: 77 § 405).

       triar, in N amháin; *trian* (= *tréan*) sna LSS eile.

9   *Dairinis*, oileán Dairbhre; ba le Mac Cárthaigh Mór an t-oileán sa 16ú haois is bronnadh an teideal 'The Earl of Clancare and Viscount of Valentia' ar Dhónall Mac Cárthaigh Mór sa bhliain 1565 (3: 5 n.).

       Iarla níl aici, níl Mac Cárthaigh Mór i seilbh an oileáin a thuilleadh.

       'n chlainn úir, den chlainn úir .i. de na Cárthaigh.

10   Donncha Mac Cárthaigh, iarla Chlainne Cárthaigh, a lonnaigh i Hamburg sa bhliain 1699, agus a fuair bás ann sa bhliain 1734 (4 n.).

13–20 Tagann ll 13–16 roimh ll 9–12 sna LSS ach, dar liom, gur fearr an leagan amach seo ó thaobh leanúnachais agus téama de. Baineann ll 5–12 le daoine is áiteacha; ll 13–20 leis an gclaochlú a leanann an mhíriail. Faoi mar a bhíonn idir thír, dhúlra is ainmhithe faoi bhláth (**19**, **20**) ar theacht an rí chóir, a mhalairt a bhíonn i gceist le linn aintiarna nó anlathais (**2**, **6**: 86 n.).

13	D'athraigh an fia an cruth breá a bhíodh air; tharlódh freisin go bhfuil tagairt anseo don bhfia a bhí in armas na gCárthach (McLysaght 1991: 161).
14	*an fiach iasachta*, an Brúnach; *éan iasachta* (mairléad) a bhí in armas na mBrúnach (McLysaght 1991: 160).
	i ndaingeanchoill Rúis, Ros, baile fearainn in aice Chill Airne mar a raibh coill ollmhór agus mar a raibh áitreabh na mBrúnach; *Rúis* in ionad *Rois* de ghrá na meadarachta.
15	*seachnaid*, seachnaíonn.
17–24	Tá fadhbanna móra téacsúla is séimeantaice ag baint leis na línte seo (atá le fáil i ngach cóip). Ós féidir brí éigin a bhaint as ll 17–20 (ach coigeartú a dhéanamh ar an téacs), fágaim istigh sa téacs iad, ach cuirim ll 21–24 sna nótaí thíos.
17	*clúmh*, níl an focal sin in aon LS: *gláim* (N). *gláimh* (23 G 20, M12), *glúimh* (C, 23 G 21), *glaim* (M10) léamha na LSS. Ós foghar / ú / a theastaíonn d'oirfeadh *glúmh* (= *glámh*) nó *glam* (ach foghar / ú / a thabhairt dó). Is dócha go bhféadfadh *glúmh*/*glam* snámh le gaoith ach níor mhór, chomh maith, go réiteodh sé, ó thaobh séimeantaice de, leis an bhfrása a leanfadh *mar* ...
	a shnámhas, a shnámhann; cf. *do thagas* (**14**: 17), *do shileas* (**17**: 24), *a bheas* (**20**: 36).
18	*luaithreach*, *lúighreach* atá in N, *lúithreach*/*lúithreadh* sna LSS eile. Ní gnách le Ó Rathaille an tsamhail a chleachtadh is tá de chastacht sa samhail seo nach bhfuil an dá fhocal ar a bhfuil a héifeacht ag brath (*clúmh*, *luaithreach*) cinnte ná soiléir. An bhundeacracht ná an *dealbh cait* (atá i ngach LS). Ghlac Dinneen (AÓR: 32) le *lúireach*, thug an bhrí 'covering or fur' dó is d'aistrigh an frása mar 'like the wretched fur of a cat'. Ní móide go réitíonn sin leis an chéad líne a chuireann éadroime gluaiseachta in iúl. Ní réitíonn ach oiread, dar liom, *liúrach* ('like the pitiful lamenting of a cat') coigeartú a mhol Ní Dhroighneáin (1983: 153). B'fhearr an *cat* a dhearmad is *caite* a léamh, coigeartú a mhol Ó Fiannachta (1979: 8) ar dtús; d'oirfeadh sin do *luaithreach* agus don snámh le gaoith. Tugann an mhalairt *lúithreach*/*lúithreadh* sna LSS le tuiscint, dar liom, gurb é an focal *luaithreach* atá i gceist ach go bhfuil foghar / ú / tugtha dó de ghrá na meadarachta. Glacaim leis ar an ábhar breise go bhfuil samplaí eile i saothar Uí Rathaille de amas idir / ua / agus / ú /: *ag siúl dom ... na Mumhan ... do chuamair* (**16**: 1–2), *fíonúir ... príomh úlla ... slimchom ... míonghrua* (**18**: 25–28). Is é a thuigim leis an dá líne (17–18) mar sin: clúmh na héanlaithe ag snámh le gaoith mar luaithreach gan mhaith a bheadh caite ar thailte fraoigh. Go simplí, is é atá á rá go bhfuil an chlúmh á cailliúint ag an éanlaith — comhartha eile den chlaochlú atá imithe ar an saol faoin mhíriail.
19	*diúltaid*, diúltaíonn.
20	*Sir Vail*, Sir Valentine Browne. Sa bhliain 1588 scaoil Dónall Mac Cárthaigh Mór 6,500 acra de thailte na gCárthach uaidh, i ngeall (**17**: 8 n.), le Sir Valentine Browne, an chéad bhairnéad (†1589). Sa bhliain 1720 shealbhaigh an cúigiú bairnéad, Sir Valentine Browne (1694–1736), an t-eastát.

21–24   Dá mhéid na deacrachtaí a bhaineann le ll 17–20, is mó fós a bhaineann leis na
             línte seo toisc nach léir cé nó cad tá i gceist le Pan, Mars, lán an trír, etc. Is beag
             malairt sa véarsa sna LSS trí chéile:

             Do stiúraigh Pan a dhearca in arda críoch,
             ag tnúth cár ghabh an Mars do bhásaigh sinn,
             músclaid athaigh gearra lán an trír,
     24   ag brú na marbh trasna ó sháil go rinn.

Foclóir

a. = ainm, aid. = aidiacht, aim.= aimsir, br. = briathar(tha), ch. = chaite, coibhn. = coibhneasta, coinn. = coinníollach, fc. = foshuiteach caite, fh. = fháistineach, fl. = foshuiteach láithreach, gairm. = gairmeach, gh. = ghnáthchaite, gin. = ginideach, iol. = iolra, l. = láithreach, m. = modh, ord. = ordaitheach, tabh. = tabharthach, u. = uatha

abaidh, iol. < *ab* abbot, **5**: 222.

ablach, carcass **4**: 35.

achtaibh, tabh. iol. < *acht* decree, act; *d'achtaibh na Sacsan* **6**: 71.

adharcach, horned one, cuckold **11**: 35 n., *ag … buí* held by a tonsured malicious yellow cuckold of black troops **11**: 35.

agall, a. br. < *agaill* converse, address; *ná fan ag agall* do not delay in replying **21**: 27.

agallam, 1 iol. m. ord. < *agaill*, let us beseech **2**: 28.

áighe, limb, joint; *d'áighe na bhfear* of the joints of the men **5**: 30.

aighthe, iol. < *aghaidh* face, countenance, feature; *a haighthe … le chéile* all her features are of the colour of black coal **4**: 28.

aírd = aird, gin. u. < *ard*, *ar mhullach cnoic aírd aoibhinn* on the summit of a high pleasant hill **7**: 2.

aírde = airde, *is aírde géim go hard* of loudest high roar **3**: 17, *dob aírde faoi bhláth* which was tallest in blossom **21**: 11.

aiseag, restorataion, restitution; *is aiseag do thabhairt …* and to restore the Irish **4**: 64, *aiseag … déin* restore all the Irish in their livelihood **4**: 65.

aistrigh, change, 3 u. aim. ch. *d'aistrigh fia an fialchruth* the deer changed the noble shape **22**: 13.

aitchim, beseech, 1 u. aim. l. I beseech **6**: 101, **14**: 13.

allathoirc (< *alla* wild, foreign + *toirc* iol. < *torc* boar), *allathoirc chlaon* wicked alien boars **2**: 27.

amhail = *samhail* like, likeness; *dom amhail* for one like me **16**: 16.

ámhrach = *ámharach*, lucky, fortunate; *tá an taoide go hámhrach* the tide is favourable **20**: 15.

angar, want, affliction; *ag seachain mhóide an angair* avoiding the troublesome oath **9**: 3.

aniogh = *inniu*, *ar sráid aniogh* **4**: 72.

annalach, annal, *in annalach Éireann* **5**: 45.

ansúd, thereupon, then **16**: 20.

aoinne = *éinne*, *aoinne dá phórsan* **16**: 8.

aolbhach, limestone quarry, *a haolbhach* **4**: 42.

aolbhrog = *aolbhrugh* (< *aol* + *brugh*), fair mansion, *ar a haolbhrog* **18**: 4.

aonach, assembly **10**: 16, green, level ground **13d**: 4.

aonbhall (< *aon* + *ball*), *ar aon bhall* together **5**: 116, 168, 247.

aonbhúidh (< *aon* + *búidh* tender, gentle person), most benign **18**: 30.

aoncholg (< *aon* + *colg* sword), *a n-aoncholg gnáith* their one constant protector **21**: 3.

aonchú (< *aon* + *cú*), *aonchú chúnta chríche Fáil* the only champion of Ireland **1**: 12.

aonghasta (< *aon* + *gasta*), *trí aonghasta i ngníomh* three most skilful in action **18**: 18.

aonphreib (< *aon* + *preib* tabh. u. < *preab*), *d'aonphreib* in a single bound **8**: 32.

aontaibh. tabh. iol. < *aon*, *in aontaibh* in ones **13b**: 2.

aontlacht (< *aon* + *tlacht*), *a n-aontlacht* their only protection **21**: 3.

aontoil (< *aon* + *toil*), *d'aontoil* by general consent, unanimously **21**: 4.

aontoisc (< *aon* + *toisc*), *d'aontoisc* deliberately **4**: 36.

aosmhar, old, *níorbh aosmhar in aois* who were not old in years **18**: 19.

arad = *ard* high, noble; *Aradmhac Dé* the noble son of God **2**: 23.

ardaibh, tabh. iol. < *ard* hillock, top; *ar íslibh 's ar ardaibh* for high and low lands **20**: 13 n.

ardchuaille (< *ard* + *cuaille*), noble branch **21**: 18.

ardfhlaith (< *ard* + *flaith*), chieftain **19**: 10.

ardshliocht (< *ard* + *sliocht*), noble family **5**: 61.

athnuadh = *athnuachan* renewal, rejuvenation; *athnuadh loit is oilc gan teora* boundless renewal of destruction and evil **6**: 82.

bachall, crook, staff, crozier; penis, *a bhachallsan* his penis **12**: 7.

bagair, gin. u. < *bagar* = *bagairt*; *crann bagair* truncheon, leading warrior; *ár gcrann bagair* **6**: 12.

bairneacha, iol. < *bairneach* limpet, **20**: 20.

banaltrain, tabh. u. < *banaltra*; *id bhanaltrain tséimh* a placid nurse **2**: 6.

bántaibh, tabh iol. < *bán*, *gnaoi ag teacht ar bhántaibh gan milleadh* fields are becoming comely without destruction **20**: 16.

baoghail, gin. < *baoghal* = *baol*, *in ucht an bhaoghail* in the face of danger **5**: 13.

barc, **bárc**, barque, ship; *ó Bhéal Inse na mbárc* **1**: 7, *a mbarc* their barque **5**: 16, *na gcaolbharc* **4**: 60, **5**: 70; *ár mbarc* **6**: 14, *ar thráigh na mbarc* **8**: 21.

barra = *barr* top, summit, excess; *barra gach crainn* **7**: 7, *mar bharra ar mo scéalaibh* to crown my woes **2**: 9.

bas = *bos* palm of hand, *tré gcuimlim bas ...* as a result of which I renounce my truly powerful foe

5: 260.

béalaibh, tabh. iol. < *béal, dá mbualadh le béalaibh* being brandished in front of **10:** 7.

beanna-bhroig (< *beann* + *broig* iol. < *brog* = *brugh*), turretted mansions **22:** 6.

bearaibh, tabh. iol. < *bior, feoil de bhearaibh* meat from spits **15:** 9.

béaraibh, tabh. iol. < *béar* bear, *a ionad ag béaraibh* his residence in the possession of bears **5:** 139.

bearnain, tabh. u. < *bearna*, gap, breach; *i mbearnain námhad* in the enemy breach **5:** 15.

béillic, cavern, cave; *i mbéillic* **5:** 165.

béim, fault, blemish; *gan bhéim* without blemish **5:** 12, *gan bhéim fá dhó leis* who was not doubly related to him without blemish **6:** 68, *thug táir agus béim do* who reproached and insulted him **16:** 20.

béimscriosadh (< *béim* + *scrios*), br. saor aim. ch. *do béimscriosadh fós* was forcefully destroyed **18:** 5.

beoltais (< *beol* + *tais*), soft-lipped **11:** 34.

bhá, 3 u. aim. ch. < *bí, do bhá san mbaile* who was in residence **15:** 19.

bheas = 3 coibhn. aim. fh. < *bí; bheas againn* **7:** 15, *a bheas againn* **20:** 36.

biatach, hospitaller, *an biatach gan cuntas don tsló* the hospitaller who maintains multitudes without reckoning **19:** 11.

bíogtha, gin. < *bíogadh* start, jump; *bás bíogtha* sudden death **12:** 10.

biorannaibh, iol. < *bior* shaft, spike, dart **17:** 6.

bise = *biseach*, success, good fortune **14:** 15.

bochtaibh, tabh. iol. < *bocht* poor person, *gan cothrom do bhochtaibh* a land in which no justice is done to the poor **4:** 12.

bodhar, 3 u. aim. ch. < *bodhair* = *bodhraigh, do bhodhar* became discordant **17:** 9.

bólaigh, gin. u. < *bólach* = *bólacht, garda ... ár mbólaigh* the guardian of our kine **6:** 7.

braighd = *bráid, scol na maighdean mbraighd ngeal* the music of the fair-breasted maidens **5:** 123, *an bhraighdgheal* the fair-breasted lady **5:** 199.

bráthair, kinsman **5:** 34, 37, 49, 57, 61, passim; *bráthair gaoil* blood relation **5:** 41, *bráthair gairid* near relation **5:** 54, 74; *bráthair gar* near relation **5:** 53, *bráthair glún* blood relation **5:** 55.

breaba, iol. < *breab* bribe, *breaba dhá lua* bribes being offered **14:** 11.

breac, speckled, dappled; *a bráithre breaca* **8:** 25 n.

bréagaibh, tabh. iol. < *bréag, nár stán ó bhréagaibh* who did not yield to lies (?) **5:** 113.

breillephus (< *breall* + *pus*), ugly protruding mouth **13c:** 4.

bréin, gin. u. < *bréan*, foul, rotten; *sú an tobac bhréin ...* juice of foul tobacco on his cheeks **16:** 11.

brícléir, bricklayer **10:** 12.

brog = *brugh, síbhrog Fhéilim* **5:** 183, *don teinnebhrog* **11:** 19; gin. u. *go feicsint broig* until I saw the mansion **15:** 4 , iol. *beanna-bhroig Bhriain* Brian's turretted manshions **22:** 6.

broinnibh, tabh. iol. < *broinn* breast, bosom; *féd bhroinnibh* within thy breast **6:** 116, *ar broinnibh* by the breasts **11:** 24.

broinnire, brute **11:** 24.

broinnstuacach (< *broinn* + *stuacach*), *is mo ...* and a sullen lascivious brute clasping my maiden by the breasts **11**: 24.

brónghoil (brón + goil gin. < gol), ábhar ... brónghoil a cause of distressful weeping **6**: 81.

bruín, tabh. u. < bruíon fight, quarrel; bua agus bise acu i mbruín victory and success to them in battle **14**: 15.

bruinneallaibh, tabh. iol. < bruinneall, foireann de bhruinneallaibh a band of maidens **11**: 22.

buachaigh, tabh. u. < buacach, ar a broinn bhuachaigh on her swelling breast **11**: 7.

buachan, a. br. < buaigh, an t-aon cóir ag buachan the just one triumphs **20**: 29.

buaibh, iol. < bó, buaibh na mbeann horned cows **3**: 2.

buaigh, gin. < buach victorious, bráthair ... Mhic Fhínín bhuaigh **5**: 78.

buanbhith (< buan + bith), is buanbhith na lánún i gcumann and long life to the pair in love **20**: 22.

buanstoirm (< buan + stoirm), perpetual storm **20**: 17.

buíchuachaibh (< buí + cuachaibh tabh. iol. < cuach), dá buíchuachaibh of her yellow locks **11**: 5.

búidhbhean (< búidh + bean), an bhúidhbhean mhíonla the kind gentle woman **8**: 17.

buín, tabh. u. < buíon band, company; ar an mbuín sin **16**: 4.

buinne, 1. stream, torrent, tír ... gan buinne a country without a stream **4**: 18; 2. scion, buinne cúil cumhra the fragrant protector **6**: 112.

caethach = coimhtheach, coimhthíoch; gach ladrann caethach every foreign churl **2**: 8.

caigil = coigil preserve, cherish; 2 u. m. ord. caigil le dúthracht síos bind down with zeal **12**: 5.

cailce, gin. u. < cailc, Aoibheall chailce fair Aoibheall **21**: 21.

cáilibh, tabh. iol. < cáil fame, repute; 'na cháilibh in his fame **19**: 11.

cailliúin = cailliúint loss, death; cailliúin Sheáin **5**: 113.

cairdibh, tabh. iol. < cara friend, neach dá cairdibh any of her friends **8**: 26.

cairte, gin. < cairt charter, as a bhfearannaibh cairte from their lawful and proper lands **6**: 88.

caise, plaiting, curling; caise na caise plaiting of plaiting **11**: 5.

caitheamh, wear, spending; gan caitheamh ar ... the pleasant company not purchasing the gaiety of poems **14**:7.

caobach = scaobach, go caobach in torrents **4**: 27.

caoch-cheo, blinding mist **20**: 32.

caoin-nuachar, ag feitheamh ... waiting to take her for his tender bride **11**: 28.

caoire, iol. < caora, **3**: 2.

caolach, wicker-work, roof; a caolach **18**: 6.

caolbhach, saplings, trees; a connadh 's a caolbhach her trees and her saplings **4**: 42.

caolbharc (< caol + barc), Breatnaigh na gcaolbharc **4**: 60, ó chois Sionna na gcaolbharc **5**: 70.

caolscread (< caol + scread), ba chian a caolscread long was her shrill moan **5**: 149.

caolta, iol. < caol, na gcaolta of the narrow waters **5**: 62.

caomhbhreitheamh (< caomh + breitheamh), mild judge **19**: 6.

caomhchodladh (< caomh + codladh), caomhchodladh séimh soft pleasant sleep **21**: 14.

caomhchoinneal (< caomh + coinneal), pleasant light **21**: 4.

caomhchuilte (< caomh + cuilte iol. < cuilt), beautiful coverlets **18**: 8.

caomhchumann (< caomh + cumann), caomhchumann cléire the fair company of the clergy 12: 22.

caomhghlan (< caomh + glan), pure and gentle 16: 19.

caomh-ionad (< caomh + ionad), fair seat 12: 30.

caomhshliocht (< caomh + sliocht), noble race 4: 53.

caorchumas (< caor + cumas), caorchumas Éireann Ireland's raging power 21: 11.

caorthonnaibh (< caor + tonnaibh tabh. iol. < tonn), fá chaorthonnaibh sínte stretched beneath raging waves 21: 6.

carbhas, carousal, ag carbhas macra amidst the carousal of youths 15: 7.

cás, i gcás, so that, in case, lest; i gcás go bpreabfadh … lest his penis might spring back at us from below 12: 7, i gcás go dtitfinnse thríd so that I would fall thereby 14: 19.

caschrúbach (< cas + crúbach), club-footed 16: 11.

casnamh: cosnamh.

cathmhíle (< cath + míle), warrior, soldier; a gcathmhíle … saordha their noble warrior of strong hosts 5: 21.

céadchath (< céad + cath), na gcéadchath of the hundred battles 5: 34.

cealg, sting, mo chealg bháis chruaidh ghoirt my bitter piercing sting of death 21: 20.

ceanntsliocht (< ceann + sliocht), de cheanntsliocht Eoghain of the superior progeny of Eoghan 6: 63.

ceardaibh, tabh. iol. < ceard craftsman, artisan; iarnaí … ceardaibh irons framed in bleak and gloomy hell by the craftsmen of greedy Vulcan 4: 32.

ceathra, iol. < ceathair, cattle 3: 2, 22: 19.

céim, step, rank, difficulty; is céim a gcomhaireamh, it is difficult to numerate them 6: 65.

chonarc, 1 u. aim. ch. < feic, do chonarc 11: 1, 32.

chuamair, 1 iol. aim. ch. < téigh, do chuamair 16: 1.

chúchu = chucu.

chúghainn = chugainn.

chúichi = chuici.

ciach, gloom, sadness; ciach ghoirt bitter gloom 18: 9, an chiach dhiacrach distressing sadness 22: 1, mo chiach woe is me 22: 10.

ciaradh, flaw, defect; gan ciaradh 'na cháilibh without flaw on his fame 19: 11.

ciarthuilte (< ciar black, murky + tuilte aid. bhr. < tuil flow, flood, fill), black-flooded 22: 6.

cinn, iol. < ceann head, leader, master; cuirfid na cinn sin linn those leaders will oppose us (?) 5: 100, ár gcinn our leaders 6: 114.

ciontaí, iol. < cion offence, transgression, sin; séanadh … ciontaí if they were guilty of denying the Son of God 19: 8.

cíordhubh = ciardhubh (ciar + dubh), jet-black 21: 15.

cíosóireacht, rental 17: 19.

cirt, gin. u. < ceart, re linn an réics chirt 5: 228, tabh. u. ina cheird chirt under his proper skill 5: 169, don chléir chirt to the true clergy 10: 14.

ciúinghlan (< ciúin + glan), an t-éasca go ciúinghlan the moon is calmly bright 20: 3.

clainn, tabh. u. < clann; dá gclainn mhac to their sons 19: 4.

cláirsigh, tabh. u. < *cláirseach* harp, *ar chláirsigh* **20**: 23.

clamhaire, wretch, mangy creature **16**: 14.

claon, perversity **2**: 18.

claonchroí (< *claon* + *croí*), *a gclaonchroí* their perverse hearts **19**: 7.

claonmhar, perverse, evil; *is truaillithe claonmhar* it is foul and evil **10**: 5.

clár, plain, *ó chlár Loirc Éibhir* **5**: 84 n.

clé, wicked, malign, sinister; *mo lánchreach chlé* my utter malign ruin **8**: 13.

cleacht, practise, become accustomed to; 1 u. aim. ch. *is nár chleachtas* and that I was unused to **3**: 4, 3 u. aim. ch. *chleacht sí* she cherished **8**: 17, 3 u. aim. gh. *do chleachtadh sí ar dtúis* that was previously her wont **22**: 13.

cliabhthuirse (< *cliabh* + *tuirse*), heart-weariness **18**: 11.

cliathúil, stout-hearted **5**: 27.

clíbhreoite (< *clí* body, heart, breast + *breoite*), heartsick **2**: 2.

clíchoirp (< *clí* + *coirp* gin. < *corp*), *is folach ...* and the silken covering of her body torn **5**: 204.

clíchumhra (< *clí* + *cumhra*), *trí chlíchumhra bhí* three who were fragrant of body **18**:30.

clídheolta (< *clí* + *deolta* aid. bhr. < *deol* suck), *d'éis do chlídheolta* having sucked your breast **2**: 8.

clíteach, heart, breast **3**: 13, *saorfhuil mo chlítigh* generous blood of my heart **21**: 10.

clochaibh, tabh. iol. < *cloch*, *fírmhil ar chlochaibh go buan* fresh honey always on stones **7**: 8.

cloistin = *cloisteáil* a.br. < *clois*, *ar chloistin mo ghutha di* when she heard my voice **11**: 29.

clos, a. br. < *clois*, *ar chlos a scéil* on hearing her news **8**: 29.

cluasaibh, tabh. iol. < *cluas* ear, *ó chluasaibh a maoile* from the ears of their head **16**: 4.

clúmhail = *clúúil*, **5**: 52, **6**: 106, **15**: 19, **19**: 6.

codhnach, chief, support, prop; *ár gcodhnach uile* our whole support **17**: 3.

cóige = *cúige* province, *an chóige* **6**: 31, 85; *dhá chóige* **6**: 60, *san gcóige* **6**: 83.

coinnibh = *coinne*; *'na choinnibh* against him **16**: 20.

coirneach, tonsured **11**: 35.

coirpe, corrupt, vicious, wicked, incestuous; *péac coirpe* incestuous penis **12**: 27.

cóisreach, gin. iol. < *cóisir* feast, banquet; *na gcóisreach* of the banquets **6**: 73.

comairc = *comairce, coimirce*; *a gcomairc* their protection **5**: 15, *dom chomairc* to guide me **11**: 31, *gan cuan chun comairce dín* without a haven for protective shelter **14**: 9.

comhall, fulfilment, observance; *díth comhaill* breach of promise **2**: 18.

comhdhubh (< *comh* + *dubh*), *éiclips comhdhubh* a black eclipse **6**: 34.

connadh, firewood, trees; *a connadh 's a caolbhach* her trees and her saplings **4**: 42.

córach, shapely, comely, pleasant; *a dtréithe caoin córach* their gentle comely qualities **2**: 25.

córach, gin. u. < *cóir* justice, equity; *ar díth córach* in want of justice **17**: 18.

coróineach, gin. u. < *coróin*, *rí coróineach* crowned, legitimate king; *tríochad rí coróineach* thirty crowned kings **16**: 7, *an rí coróineach* **17**: 12.

corraigh, gin. u. < *corrach* marsh, *trí imeallaibh corraigh* **11**. 18.

corrchnoic (< *corr* tapering, pointed + *cnoic* iol. < *cnoc*), tapering hills, *corrachnoic ghorma* **5**: 206, *córrchnoic* **6**: 2.

córtas, right or proper course, rightfulness; *thar córtas* beyond bounds **6**: 29.

cosaibh, tabh. iol. < *cos*, *fé chosaibh na meirleach* under the feet of the villians **4**: 7, *go cosaibh* **16**: 4.

cosnamh, a. br. < *cosain*, *dá gcosnamh*, *dá gcasnamh* protecting them **7**: 16, **21**: 19; gin. u. *gan fear cosnaimh* without a defender **4**: 3, *a sciath chosnaimh* their protective shield **5**: 10.

cothrom, balance, equity; *tír gan cothrom ...* a land in which no justice is done to the poor **4**: 12, *i gcothrom* in power **4**: 53, *ár gcóthrom* our equity **6**: 18.

crann, tree, stock, support; *crann bagair* leading hero **5**: 11, **6**: 12; iol. *na cranna ba thréine ...* the trees that were strongest in protecting them **2**: 3.

craobh-úr, *trí príomh-úlla craobh-úr* three prime apples of fresh boughs **18**: 26.

craosaigh, gin. u. < *craosach*, *le ceardaibh Vulcánais chraosaigh* by the craftsmen of greedy Vulcan **4**: 32.

créachtach, wounding, **5**: 37.

créachtaibh, tabh. iol. < *créacht* wound, *fé chréachtaibh* **4**: 50, *'na chréachtaibh* **5**: 203, *óm chréachtaibh* **5**: 216.

créad, what?, *créad fá* why? **5**: 19.

creathaibh, tabh. iol. < *crith* tremble, shudder, tremor; *i gcreathaibh báis fád scéala* in the tremors of death concerning thee **5**: 195.

creathaid, 3 iol. aim. l. < *creath* tremble, *cás tré gcreathaid ...* an instance through which majestic kingdoms tremble **6**: 3.

créchuilt (< *cré* + *cuilt*), clay-coverlet **21**: 10.

creill, knell, death; *d'fhuiling creill* who sufferrd death **18**: 13.

cria = *cré*, *i gcria chille* in the churchyard clay **18**: 12.

críochaibh, tabh. iol. < *críoch* territory, *i gcríochaib eachtrann* in foreign countries **4**: 44.

críonchóisir (< *críon* + *cóisir*), withered band **2**: 7.

críonghruama (< *críon* + *gruama*), *nár chríonghruama* not morose with age **11**: 3.

croíluaimneach (< *croí* + *luaimneach*), *go croíluaimneach* with a pounding heart **11**: 17.

crot, gin. iol. < *cruit* harp, *fuaim chrot téadach* the sound of stringed harps **5**: 127.

cruacheist (< *crua* + *ceist*), *tá claochló ar chruacheist* every difficulty is overcome **20**: 29, *do théacht as gach cruacheist* has recovered from every danger **20**: 35.

cruamhionna (< *crua* + *mionna* iol. < *mionn*), *cruamhionna bréige* audacious perjuries **10**: 6.

cruinnchomhrainn (< *cruinn* + tabh. u. < *comhra*), narrow coffin **17**: 1.

cruinndiúltaigh (< *cruinn* + *diúltaigh*), *nár chruinndiúltaigh naí* who did not miserly refuse anyone in want **18**: 27.

cruinne, dew **11**: 6.

cruinntuairim (< *cruinn* + *tuairim*), *druidim 'na cruinntuairim* to go up near her **11**: 13.

cuanach (< *cuan*), harboured; *na gcríoch ... gcuanach gcam*, ruling the snug sheltered curved harboured regions **3**: 7.

cuanta, iol. < *cuan* **20**: 17, tabh. iol. *ó chuantaibh imill na gcríoch* from the harbours of the districts' borders **14**: 5.

cuibhe = *cuí*, *nár chuibhe di* that it ill became her **11**: 26.

cuibhreach, binding, fetter; *i gcuibhreach ...* le united with **20**: 11.

cuibhreach, a. br. < *cuibhrigh* bind, fetter; *is glór binn dá gcuibhreach ag Éamann* and sweet the voice of Éamann as he bound them **5**: 104.

cuimlim, 1 u. aim. láith. < *cuimil*, *tré gcuimlim bas do* through which I reject **5**: 260.

cuimse = *cuimseach* fitting, appropriate; *dóchas cuimse* adequate hope **9**: 5.

cuisle, vein, power, vigour; *is tollta a chuisle* his power is undermined **17**: 4.

cúnta, gin. u. < *cúnamh* a. br. < *cúnaigh* help; *cú chúnta* deliverer, champion **1**: 12.

curaí, iol. < *curadh* hero, champion; **5**: 81.

cuthach, rage, fury, frenzy; *maor cuthaigh* a raging steward **12**: 29.

cúthail, humbled **4**: 24, *go cúthail fá néaltaibh* humbled under a cloud **10**: 19.

dá (< *do + a*), = *á*.

dáil, a.br. < *dáil* pour out, shed; *ag dáil ghoil* pouring forth tears **5**: 152.

daingeanchoill (< *daingean + coill*), *i ndaingeanchoill Rúis* in the fast dense wood of Ross **22**: 14.

daolaibh, tabh. iol. < *daol* beetle, worm; *ag daolaibh* **18**: 24.

daorbhroid (< *daor + broid*), dire bondage, *daorbhroid daoithe Gall* dire bondage of foreign churls **4**: 66.

daor-ifreann, unfree hell **12**:31.

dár (< *do + ár*), *dár bhfuascailt* **14**: 4, 8, 12, 16.

deáidh = *diaidh*, *'na dheáidh* **5**: 261.

déa-oinigh, gin. < *dea + oineach*, of good honour **5**: 46.

déaraibh, tabh. iol. < *déar* tear, *le déaraibh* **4**: 25.

dearbh, sure, certain; *is dearbh* it is certain that **2**: 17, *dearbh 'na nGallaibh* are assuredly for some time foreigners **4**: 56, *dearbh mo scéalta* my tidings are true **5**: 215.

dearc, eye, iol. *dearca* **5**: 202, **6**: 1; gin. iol. *ag caí na ndearc* shedding tears **8**: 16.

dearlaig = *dearlaic* 3 u. aim. ch. < *dearlaic* grant, bestow; *ó dhearlaig ...* since ... has bestowed his daughter **19**: 3.

déasa = *diasa* iol. < *dias*, *trí déasa nár chlaon* three just scions **18**: 19.

déidh = *diaidh*, *id dhéidhse* after you **5**: 160.

deighilt, a.br. < *deighil* divide, separate; *a dheighilt leis* to separate him from him **12**: 4.

déin = *déan*, **4**: 65, **9**: 2.

déircigh, gin. u. < *déirceach* charitable **5**: 80.

d'éis (< *de + éis*), after, *d'éis do chlídheolta* having sucked your breast **2**: 8, *dá n-éis* after them **2**: 24.

deoidh = *diaidh*, *id dheoidhse* after you **6**: 21, *'na ndeoidh* after them **19**: 12.

deoraibh, tabh. iol. < *deor*, *go frasach i ndeoraibh* copiously shedding tears **6**: 39, *traochta i ndeoraibh* subdued in tears **6**: 48.

dhá = *á*, *dhá lua* being offered **14**: 11.

diachta, gin. u. < *diacht* = *diagacht* divinity, piety; *dánta diachta* pious poems **5**: 131.

dianchreach (< *dian + creach*), sore loss **18**: 10.

dianghol (< *dian + gol*), *ag dianghol* weeping bitterly **22**: 11.

díbreadh, br. saor aim. ch. < *díbir* banish, expel; *ó dibreadh ...* since the rightful king was expelled by a violent company **6**: 96.

dílis = *díleas*, personal property, *gur dhílis an áit sin ...* that the place might be their sons forever **19**: 4.

dín, gin. < *díon* protection, shelter; *ag déanamh dín dóibhsin* in protecting them **2**: 3, *sciath dhín* protective shield **4**: 4, **6**: 9; *comhla dhín* protective mainstay **5**: 7.

díogras, fervour, zeal; *díogras a n-oifige ar cuaird* the zeal of their function in their rounds **7**: 12, gin. u. *in ainm an rí dhíograis* in the name of the faithful king **7**: 15, tabh. u. *le díograis* with zeal **8**: 4.

díol, recompense, sufficiency, deserving object; *díol deora* a fit cause for tears **2**: 9.

díona, gin. u. < *díon*; *brat díona* protective cloak **21**: 19.

díth, loss, want, lack; *de dhíth an bhídh* who went in want of food **5**: 220, *a thalamh má bhí dá dhíth* if his land was lost to him **5**: 227, *ar díth córach* in want of justice **17**: 18.

díthchreach (< *díth* + *creach*), ruinous waste **6**: 89.

díthchreachta (< *díth* + *creachta* aid. bhr. < *creach*), ravaged, destroyed **3**: 16.

diúc, diúic, duke, *d'fhuil an diúic* **6**: 52, *an diúic* **16**: 10, *don diúic* **20**: 8.

diúltaid, 3 iol. aim. l. < *diúlt*, *diúltaid ceathra* cattle refuse **22**: 19.

dlaoichuachach (< *dlaoi* + *cuachach*), with curling locks **11**: 22.

dlithibh, tabh. iol. < *dlí* law, *do-ghní Muiris le dlithibh a dhaoradh* Muiris condemned him with laws **5**: 103.

dlúthchurtha (< *dlúth* + *curtha* aid. bhr. < *cuir*), firmly buried **6**: 105.

do = *a* (mír choibhn.), *do ritheas* **5**: 261n., *do thagas* **14**: 17 n., *do shileas* **17**: 24 n., *a bheas* **20**: 36, *a shnámhas* **22**: 17.

do = *a* (+ a. br.), *d'fhóirthint* **2**: 28, *do dhíchur* **4**: 62, *do thabhairt* **4**: 64, **5**: 247, **12**: 28; *do ghoirm* **5**: 14, *do dhortadh* **5**: 232, *do thraochadh* **5**: 246, *do theacht* **5**: 252, **16**: 18; *do luail* **7**: 1, 20; *do lasadh* **7**: 14, *do ruachan* **20**: 33.

do-bheart = *dúirt*, *do-bheart Clíona* **21**: 17.

do-bheir = *tugann*, *do-bheir súil* she looks **8**: 21.

do-chluin = *cluineann/cloiseann* **1**: 2, **5**: 137.

dod = *do do*, *dod choimhdheacht* **6**: 104.

do-ghní = *déanann*, **5**: 101, 103.

dom = *do mo*, *dom éisteacht* **5**: 245, *dom fhortacht* **11**: 15, *dom chomairc* **11**: 31.

dragain, iol. < *dragan* warrior, hero; *dragain chróga* brave heroes **4**: 69, *dragain fhíochta* fierce warriors **8**: 10, *dragain Leamhan, Léin is Laoi* **17**: 26.

draighnigh, gin. u. < *draighneach*, *craobh dhealg-dhraighnigh* a branch of prickly thorns **21**: 8.

draíochta, iol. < *draíocht* druidic art, magic, charm; *draíochta déithe* charms of gods **5**: 131.

draoithe, iol. < *draoi* druid, magician **16**: 3.

dréimneach, adorned **5**: 129.

drólainn, tabh. < *drólann* heart, intestines, *biorannaibh trím dhrólainn* darts penetrate my heart **17**: 6.

drongaibh, tabh. iol. < *drong*, *luaitear le drongaibh* which is mentioned by people **20**: 26.

druadha, iol. < *draoi* druid, wizard **16**: 3.

druaga, druidical, *draíocht dhruaga* druidical sorcery **11**: 20.

druid = *drud*, *ní ráimse ansúd aon druid 'na choinnibh* I then say not a word against him **16**: 20.

duaisigh, gin. u. < *duaiseach* generous, bountiful; *is chlanna Ghuaire dhuaisigh dhéircigh* and of the descendants of Guaire the bountiful and charitable **5**: 80.

dubh-ghuail, *dubh* + gin. u. < *gual*, *a haghaidh ar shnua an dubh-ghuail le chéile* her whole visage is the colour of black coal **4**: 28.

dúilibh, tabh. iol. < *dúil* element, gin. iol. *Ceardach na ndúilibh* Creator of the elements **19**: 12.

dúireacht, hardness, rigidity, obduracy; *trí dhúireacht a gclaonchroí* on account of the obduracy of their perverse hearts **19**: 7.

dul, time, occasion; *in aon dul* on any occasion, in any conflict (?) **5**: 43.

dúntaibh, tabh. iol. < *dún* fort, fortress; *ina dhúntaibh* **5**: 117.

dúscriosfadh (< *dubh* + *scriosfadh* 3u. m. coinn. < *scrios* destroy, ruin), *go ndúscriosfadh iad* that he would utterly destroy them **19**: 8.

dúsmacht (< *dubh* + *smacht*), *fé dhúsmacht foirne* under the dire yoke of a horde **6**:54.

dútheagasc (< *dubh* + *teagasc*), *a dhútheagasc éithigh* his false evil teaching **10**: 13.

éachtach, mighty, powerful, valiant; gin. u. *éachtaigh* **5**: 42, 89; tabh. u. *ó Eachroim éachtaigh* **5**: 85, gin. iol. *na mBúrcach éachtach* **5**: 49, *na leabhairscríob éachtach* **5**: 82.

éad, envy, emulation; sorrow, *trér thionscnas éad ris* whereby I began to sorrow for him **5**: 98.

éadmhar, jealous, envious; sorrowful, *go héadmhar* sorrowfully **4**: 22, **5**: 156, 213.

éadsin = *iadsin*, **19**: 7.

éagdhul (< *éag* + *dul*), death, demise; *a éagdhul* **21**: 12.

ealtan, gin. iol. < *ealta* flock (of birds), *clúmh na n-ealtan mear* the down of swift flocks **22**: 17.

éigsibh, tabh. iol. < *éigeas* poet, learned man; *ó éigsibh* **5**: 86, *ag éigsibh* **10**: 18.

éileamh, a. br. < *éiligh* claim, demand; *de shíor dá n-éileamh* and the clergy ever calling on them (?) **5**: 120; *dá éileamh gur ...* claiming that ... **6**: 44.

éiric, compensation, reward; *in aisce gan éiric* gratis without payment **5**: 94, *'na éiric* as retribution **5**: 232.

éisteadh, 3 u. m. fc.< *éist* listen, hear; *go n-éisteadh na déithe* that the gods might hear **21**: 16.

fá = *faoi*, + a: *fána uilinn* **5**: 95, + an: *fán saorfhlaith* **20**: 35, + do: *fád scéala* **5**: 179, 195, *fád thaobh* **21**: 26; + a: *fá raibh* **17**: 28, + ar: *créad fár fhuilngis* why did you allow **5**: 139, *fár leagadh* beneath which was lain **21**: 25.

fachain, cause, occasion; *fachain na dtrí ...* the reason for lighting three candles in every harbour **7**: 14.

facht: *focht*.

fadchumhach (< *fad* + *cumhach*), *go fadchumhach* in long mourning **5**: 160.

fáidhí, iol. < *fáidh*, prophets **19**: 1.

fairsinge, breadth, width; *fairsinge mhúin* amplitude of urine **13a**: 4.

fánach, vagrant, wanderer; *an fánach fleascaigh* the wandering libertine **12**: 6.

fann, weak person, *d'fhann nó rólag* to the weak and the feeble **6**: 97, gin. iol. *na bhfann* of the weak **12**: 26.

faobharneart (< *faobhar* + *neart*), might of the sword **19**: 8.

faothó = *aothú*, recovery from illness, respite; *tá faothó aige truaghaibh* the wretched have a respite **20**: 25.

fásach, waste, desert; *caite ar fhásach fraoigh* thrown on a waste of heather **22**: 18.

fasc, shelter, protection; *rachad 'na bhfasc* I will go under their protection **17**: 27.

fé = *faoi*, + *do*: *féd bhroinnibh* **6**: 116, *féd ghoile* **12**: 25.

feacaid, 3 iol. aim. l. < *feac* bend, *fáth tré bhfeacaid* a reason why trees bend down **6**: 2.

feallscrios (< *feall* + *scrios* destroy, ruin), 3 u. aim. ch. *d'fheallscrios cine Chárthach* who deceitfully ruined the MacCarthys **12**: 29.

feam, stalk, rod, sea-rod; penis **16**: 13.

fearachoin (< *fear* + *coin* iol. < *cú*), fierce warriors **2**: 14.

fearannaibh, tabh. iol. < *fearann* land, *os fearannaibh* **4**: 39, *as a bhfearannaibh cairte is córa* from their rightful and legitimate lands **6**: 88.

fearantais, iol. < *fearantas* estate, domain; *a bhfearantais féin* their own lands **2**: 11.

fearastar, 3 u. aim. ch. < *fear* give forth, pour out, shed; *fearastar scim dhraíochta nár dhorcha snua* a magic haze, of hue not dark, poured forth **7**: 5.

fearra = *fearr*, *is fearra fá dhó dho* that is twice better for him **21**: 24.

feasradh, 3 u. m. fc. < *fiosraigh*, *dá bhfeasradh neach* if anyone should ask **21**:26.

feicsint = *feiceáil* a. br. < *feic*, *go feicsint broig Thaidhg an Dúna* until I saw Tadhg an Dúna's dwelling **15**: 4.

feidhm, use, service, function; *gan feidhm* useless **5**: 4, *ár bhfeidhm* our prowess **6**: 15, *i bhfeidhm* in control **6**: 86, *ní raibh feidhm air* it was of no avail **16**: 14.

féil, 1. tabh. u. < *fial* generous, *den Charathfhuil fhéil* of the generous MacCarthys **2**: 15; 2. gin. u. < *fial* generous person, *tug fial in ionad an fhéil fuair bás* who replaced one generous person for another who died **15**: 22.

féinics, paragon, hero; *féinics shleachta Éibhir* **1**: 14, *a bhféinics* **5**: 18, *ár bhféinics mullaigh* our principal hero **6**: 18, *an féinics Gaoidheal* the hero of the Irish **6**: 105.

feochadh, feochan, decay, withering; *sa bhfeart ar feochan* dead in the grave **6**: 4, *roimh a dhul ar feochan* before he died **6**: 32, *bhur gcoillte ar feochan* your woods in decay **6**: 89, *thu ar feochadh* you being dead **6**: 93, *d'imigh a bhrí ar feochadh* his vigour is withered **17**: 4.

fí = *faoi*, *fí mhórsmacht* **2**: 27.

fiailteach (< *fial* + *teach*), guesthouse, *fiailteach na marcraí* the guesthouse of the horsemen **22**: 5.

fialchruth (< *fial* + *cruth*), noble shape **22**: 13.

fill, bend, turn back, reverse; *fillfidh Dia do dhíbhirt* God will reverse thy banishment **9**: 9.

fill, gin. u. < *feall*, treachery, deceit; *scuaine buile seo an fhill* this frenzied treacherous crew **14**: 10.

finnstiúir (< *fionn* + *stiúir*), fair guide **18**: 27.

fionnadh, br. saor aim. ch. < *fionn* ascertain, discover; *an méid nár fionnadh* those who were not discovered **5**: 105, *do fionnadh* which appeared **11**: 4.

fionnadh (a.br. < *fionn*), ascertainment, discovery; *fionnadh gach toraidh* the proof of every crop **5**: 262.

fiontar, venture, risk; *i bhfiontar éaga* in danger of death **5**: 196, *ag lonramh fiontair* inciting a contest **5**: 230, *gan fiontar* effortlessly **20**: 2.

fíontúil, fond of wine, abundant in wine **5**: 27, 129.

fíonúir, grape-vine **18**: 25.

fíoraíbh, tabh. iol. < *fíor* border, limit, *go fíoraíbh* **5**: 48, 248.

fíorcholúir (< *fíor* +iol. < *colúr*), *trí fíorcholúir* three pure doves **18**: 25.

fíorchruaidh (< *fíor* + *cruaidh*), *im chime ... go fíorchruaidh* by the captive I was bound fast a captive **11**:14.

fíorlaoch (< *fíor* + *laoch*), *dob fhíorlaoch aonair* who was a unique true warrior **5**: 64.

fíorlaochta (< *fíor* + *laochta* valorous, heroic), *titim ... bhfíorlaochta* the demise of the spirited truly heroic lords **5**: 253.

fíor-uaibhreach, *goileann go fíor-uaibhreach* she weeps truly desolately **11**: 29.

fíor-uamhan, sheer fear **11**: 12.

fiosach = *feasach*, *fios fiosach* knowledgeable news **11**: 9.

fírdhlitheach (< *fíor* + *dlitheach*), of just laws **5**: 25.

fíréachtaigh, tabh. u. < *fíréachtach* (< *fíor* + *éachtach*), *dom namhaid fhíréachtaigh* to my truly powerful foe **5**: 260.

fíreolas (< *fíor* + *eolas*), true knowledge **2**: 6.

fírfhliuch (< *fíor* + *fliuch*), truly wet **3**: 1.

fírmhil (< *fíor* + *mil*), fresh honey **7**: 8.

fiús, fixed rent **5**: 108 n.

fleascach, rascal, trickster, playboy, libertine; *an fánach fleascaigh* the wandering libertine **12**: 6.

fliche, moisture, tears **11**: 30.

fó = *faoi*, *fó gach madaí* **8**: 15.

focht = *fócht*, ask, enquire; 1 u. aim. l. *fochtaim* I ask **5**: 209, *fachtaimse dhíobh* I asked them **7**: 12.

foghlach, destructive, predatory, plundering; *ba foghlach glac* whose hands were destructive in battle **8**: 18.

fógra = *fógairt*, a. br. < *fógair* declare, proclaim; *dá fhógra* proclaiming his death **6**: 36, *dá fhógairt* **6**: 43.

foinseoga, iol. < *foinseog* stream, **17**: 23.

foireanndubh (< *foireann* + *dubh*), of black troops **11**: 35.

foirinn, tabh. u. < *foireann* band, group; *le foirinn an Bhéarla* by the English-speaking band **4**: 20, *dár bhfoirinn* of our band **16**: 12, *ag foirinn* by a band **17**: 8.

foirm, form, *le foirm na mionn* by means of oaths **12**: 23.

foirneart = *forneart* (< *for* + *neart*), *foirneart na gréine* the excessive strength of the sun **10**: 10.

fórlucht = *forlucht* (< *for* + *lucht*), excess load, vast troops, violent company; *chun seasaimh le fórlucht* to oppose vast troops **6**: 19, *le fórlucht* by a violent company **6**: 96.

fras, plentiful, abundant, free; *abair go fras* reply readily **21**: 27.

frasach, copious, profuse; *go frasach i ndeoraibh* copiously shedding tears **6**: 39.

fríth, aim. ch. br. saor < *faigh*, *nár fríth cinnte* who were not found to be stingy **3**: 14.

fuadh = *fuathadh*, br. saor, aim. ch. < *fuathaigh* hate, *ler fuadh an mheang* who hated deceit **3**: 9.

fuaimint, act of resounding, sounding; *tá an an spéir mhór ar fuaimint* heaven is resounding **20**: 31.

fuaradh, a. br. < *fuaraigh, marbh tá ar fuaradh* dead and extinct **21**: 20.

fuascladh = *fuascailt, i ndaoirse gan fuascailt, fann* in captivity, without release, enfeebled **3**: 10.

fúig = *fág*, br. saor aim. ch. *do fúigeadh* **5**: 111.

fuilngis, 2 u. aim. ch. < *fulaing*, tolerate, suffer; *créad fár fhuilngis* why hast thou allowed **5**: 139.

gá = *agá, an seabhac gá bhfuilid sin uile* the hawk who possesses all these **17**: 19.

gaidhim = *guím* 1 u. aim. l. I beseech **18**: 15.

gairbhhleac (< *garbh + leac*), *a ghairbhleac ó* rough stone **12**: 5.

gairede (< *gaire + de*), *níor ghairede* it would be no nearer **17**: 2.

gann, thin, sparse, restricted; *sé troithe go gann* six restricted feet **12**: 32.

gaoil, gin.u. < *gaol* relation, kinship; *bráthair gaoil* blood relation **5**: 41.

gaoith, tabh. u. < *gaoth, ár ndíon ar ghaoith na bóchna* our protection from the wind of the ocean **6**: 95.

gardaibh, tab. iol. < *garda, tá an rífhlaith 'na ghardaibh* the princely chiefain is a protection **20**: 13.

géagaibh, tabh. iol. < *géag* branch, bough; *'na géagaibh* **4**: 37, *ar na géagaibh* **16**: 18, *ar ghéagaibh is úrghlas* on boughs fresh and green **20**: 5.

geall, pledge, security; *péist chruinnithe geall* a monster who seized the pledges **12**: 26, *i ngeall re pingin* pledged for a penny **17**: 8.

géar-airc, intense greed **4**: 34.

géarghoin (< *géar + goin* wound, slay), 3 u. aim. ch. *do ghéarghoin* that sorely wounded **21**: 1.

géarsmacht (< *géar + smacht*), *fá ghéarsmacht* in bondage **10**: 11.

géill, iol. < *giall* hostage, **8**: 19.

géilleadh, a. br. < *géill; dar dhual géilleadh* ... who held hereditary sway over ... **6**: 64.

géim, shout, roar; *ar ghéim an Rois* at the roar of Ross **6**: 31.

geimhealaibh, tabh. iol. < *geimheal* fetter, shackle; *i ngeimhealaibh geimheal* in the chains of fetters **11**: 23.

géimnigh, géimrigh, a. br. < *géim* low, bellow; *ag géimnigh* roaring **5**: 163, 180, 205; *ag géimrigh dá fhógra* mournfully proclaiming his death **6**: 36.

géirshearc (< *géar + searc*), *le géirshearc shámh* with intense pleasing love **8**: 9, *tug géirshearc do Chríost* who gave intense love to Christ **18**: 22.

geonta, iol. < *geoin* cry, whimper, **6**: 46.

gil, tabh. u. < *geal, 'na chúirt ghil* in his bright court **10**: 20.

gineamhain = *giniúint, ar ghineamhain dise* at her creation **11**: 8.

glac-chumasach, the strong-handed one **17**: 3.

gile, 1. brightness, purity; *gile na gile* brightness of brightness **11**: 1. 2. bright one, pure one; *gol na gile* the cry of the pure one **6**: 51.

gleacaí, warrior, hero; *a ngleacaí thusa* ... you were their hero in the face of danger **5**: 13.

gleacaíocht, battle, combat, wrestling **8**: 18.

gleobhroid (< *gleo + broid*), *i ngleobhroid* in the stress of battle **6**: 59.

gleochur (< *gleo + cur*), *gan gleochur* without taking up arms **6**: 71.

glóir(e), glory, *ár nglóire* our glory **6**: 12, *Dia na glóire* **6**: 22, *ríoghacht na glóire* **6**: 104.

glórtha, iol. < *glór* voice, speech, utterance; *ár nglórtha* our voice **6**: 17.

gnáith, gin. < *gnáth, a n-aoncholg gnáith* their one constant protector **21**: 3.

gnímh-éachtach (< *gníomh* + *éachtach*), powerful in deed **5**: 254.

gnúistsoithimh (< *gnúis* + *soithimh*), *bile búidh gnúistsoithimh* a chief of mild peaceful countenance **6**: 107.

go, with, *go solas ná luaim* with a blaze I cannot describe **7**: 9.

goil = *gail* tabh. u. < *gal* valour, fury; *i ngoil nár traochadh* who was not defeated in battle **5**: 32.

goirm = *gairm* a. br. < *gair* summon, call; *do ghoirm chun réitigh* to be invoked as a peacemaker **5**: 14, *ar ghoirm Mhic Mhuire ...* when I implored the Son of Mary to help me **11**: 15.

goirthear, br. saor aim. l. < *goir* = *gair* summon, call; *dá ngoirthear* which is called **12**: 30.

gormroisc (< *gorm* + *roisc* iol < *rosc*), blue eyes **11**: 2.

grás(a) = *grásta* grace, *roimh ghrása Mhic Dé* **16**: 18, *líonta de ghrás* **19**: 2.

greadadh, beating, trouncing; *mo ghreadadh bróin* my sorrowful torment **4**: 69.

greim, hold, grip; *fá ghreim* in bondage **18**: 14.

griain, tabh. u. < *grian, scamall ar ghriain iarthair* a cloud darkens the sun of the west **22**: 3 n.

griaintsliocht (< *grian* + *sliocht*), *de ghriaintsliocht* of the radiant race **6**: 66.

grianfhuil (< *grian* + *fuil*), *de ghrianfhuil Éibhir* of the radiant race of Éibhear **4**: 5.

griantsruith (< *grian* + *sruith*), sunlit stream **22**: 15.

gríosghruannaibh (< *gríos* + *gruannaibh* tabh. iol < *grua*), *'na gríosghruannaibh* in her glowing cheeks **11**: 4, *as a gríosghruannaibh* **11**: 30.

groíchnoic (< *groí* + *cnoic* iol. < *cnoc*), great hills **20**: 9.

gruagach, goblin, wizard; *buíon ghruagach* a gang of wizards **11**: 21.

gruaghil (< *grua* + *gil* tabh. u. < *geal*), *ón gcarraig mbán ngruaghil* from the white bright-cheeked rock **21**: 17.

gruannaibh, tabh. iol. < *grua, ar ghruannaibh ...* on everyone's cheeks **20**: 30.

hallaíbh, tabh. iol. < *halla, ina hallaíbh* in his halls **5**: 125.

iaisc, iol. < *iasc* fish, **22**: 15.

iallmhear (< *iall* thong, strap; penis + *mear*), of lively penis **12**:12.

imeallaibh, tabh. iol < *imeall, trí imeallaibh corraigh* through the margins of a bog **11**: 18.

imirt, playing, use, infliction; *le himirt na meirleach* by the contrivance of the villains **5**: 105.

innibh, tabh. iol. < *inne* bowels, guts; *as a n-innibh* **13a**: 4.

intleacht, *intleacht an bháis* cunning ingenuity of death **21**: 2.

íogórach = *éagórach* , unjust, inequitable, wrong; *gach éigean íogórach* every unjust violence **2**: 17.

ionad, place, native place; *go hionad na n-ionad* to the dwelling of dwellings **11**: 20, *dá ionad* to his rightful place **16**: 19.

ionathar, entrails, bowels; *poll im ionathar* my entrails are pierced **17**: 6.

iorra = *earra*, goods, apparel, accoutrement; *iorra ba ghlaine ...* an ornament brighter than glass **11**: 7 n.

ísle, iol. < *íseal, uaisle is ísle* nobles and low-ranking people **16**: 3, *'na ghardaibh ar íslibh 's ar ardaibh* a protection for low and high lands **20**: 13 n.

labhra, speech, utterance, *ár labhra* our spokesman **6**: 17.

ladrann, churl, *gach ladrann caethach* every foreign churl **2**: 8.

lán, full, much; *d'ólfainn lán* I would drink much **14**: 19.

lánchreach (< *lán* + *creach*), *mo lánchreach chlé* my utter malign ruin **8**: 13.

lánchumas (< *lán* + *cumas*),*'na lánchumas caomhghlan* in his full power and pure beauty **16**: 19.

laochaibh, tabh. iol. < *laoch, 'na laochaibh* **5**: 58.

laochais, gin. < *laochas* heroism, valour; *laochra ba laochais ...* heroes who were heroism personified in the stress of battle **6**: 59.

laoigh, iol. < *laogh* calf, *diúltaid ... laoigh* cattle refuse to yield their milk to their calves **22**: 19.

lastathar = *lastar*, br. saor aim. l. < *las* light, *lastathar trí coinnle* three candles are lit **7**: 9.

le = *le* + *a* (mír choibhn.), *le ngluaisid* when floods move over the sea **14**: 14 n.

leabhairscríob (< *leabhair* long + *scríob* effort, attempt), *na leabhairscríob éachtach* of the wondrous prolonged efforts **5**: 82.

leadhbann, 3 u. aim. l. < *leadhb* tear, rend; *leadhbann sé* he smites **16**: 15.

leanastar, 3 u. aim. ch. < *lean* follow, *leanastar linn* I followed **7**: 11.

leann = *lionn*, humour of the body, *do bhuair mo leann* my humour grieved **3**: 13.

léanntacht, erudition, *léanntacht gan phoimp* humble erudition **18**: 20.

leastar, firkin of butter, *gan leastar* **14**: 2.

leigheas, cure, remedy; *ag leigheas ar an gcampa* to relieve the camp **16**: 13, *leigheas air ó Fhrancaigh ní rug sin* he did not receive any aid from the French **16**: 15.

leimhe, silliness, inanity, folly; *leimhe na leimhe dom* folly of follies for me **11**: 13.

léimneach, lively, *fastaím léimneach* lively pastime **5**: 125.

léimrigh, a. br. < *léim, ag léimrigh go lúfar* jumping actively **20**:1, *ag léimrigh thar líne* jumping beyond the bounds **21**: 8.

léimrith (< *léim* + *rith*), 3 u. aim. ch. *do léimrith* leaped up **18**: 7.

léirchreach (< *léir* + *creach*), *mo léirchreach dhian* my utter complete ruin **8**: 6.

léirchuir (< *léir* + *cuir*), drive, send away, put; br. saor aim. ch. *do léirchuireadh ceo* a fog fell so thickly **18**: 3, 3 u. aim. ch. *do léirchuir na mílte chun fáin* sent thousands astray **21**: 1.

léirchur, a.br. < *léirchuir, dá léirchur fá dhaoirse* being put in subjection **10**: 2.

ler (< *le* + *ar*), *ler thrua mo chall* **3**: 6 n., *ler fuadh an mheang* **3**:9 n., *ler mhaith* **4**: 71 n., *ler treascradh* **5**: 40 n., *ler leagadh* **5**: 255 n., *ler snaidhmeadh* **6**: 51 n., *ler hoileadh tu* **6**: 57 n., *ler díbreadh* **6**: 87 n., *ler creachadh* **12**: 6 n.

liach, ladle, *a liach 'na láimh* **13c**: 3.

liacht, many, multitude; *liacht a ghaolta ...* so many are his kinsmen it is difficult to count them **6**: 65.

liannaibh, iol. < *lia* healer, physician, **6**: 24 n.

life = *líofa, sileann an fhliche go life* tears run copiously from her glowing cheeks **11**: 30 n.

líg, tabh. u. < *liag* headstone, *fá líg* **18**: 23.

lígheal (< lí + geal), *na líog lígheal* of the bright coloured stones **7**: 6.

líne, line, *thar líne* beyond the bounds **21**: 8.

ló, tabh. u. < lá, *ón ló* from the day **6**: 92.

lodamair, 1 iol. aim. ch. < téigh, *do lodamair suas* we went up **7**: 2.

loithibh, tabh. iol. < laoi lay, poem; *im loithibh* in my lays **11**: 12.

lóithne = leoithne breeze, wind; *lóithne léanmhar* an afflictive gust **5**: 38.

lom, 3 u. aim. ch. < lom lay bare, strip; *ó lom an cuireata cluiche ar an rí coróineach* since the knave defeated the crowned king in the game **17**: 12, *do lom a ghoile* ... his strength has wasted away from want and injustice **17**: 18.

lómrach, resplendent, dazzling, impressive **5**: 129.

lonnmhar, fierce, warlike, vigorous; *ba lonnmhar reacht* whose reigns were warlike **8**: 18, *is lonnmhar chuirid* they vigourously put **17**: 23.

lonramh, a.br. < lonraigh light up, illumine; *ag lonramh fiontair* inciting a contest **5**: 230, *a dtriathshliocht do lonramh 'na ndeoidh* that their lordly progeny may brightly flourish after them **19**: 12.

luail, act of moving, *sul smaoin ... do luail* before Titan thought of stirring his feet **7**: 1, 20.

luaithreach, ashes, dust; *mar luaithreach dealbh* like desolate dust **22**: 18.

lúbaigh, gin. u. < lúbach, *bráthair Chúrsaigh lúbaigh éachtaigh* kinsman of de Courcy the crafty and mighty **5**: 89.

luich, tabh. u. < luch mouse, *glaoigh ar luich* call a mouse **13b**: 4.

macaibh, tabh. iol. < mac, *de mhacaibh* **22**: 7.

madaí, scoundrel, wretch **8**: 15.

madraíbh, tabh. iol. < madra, *ag madraíbh Sacsan* by Saxon curs **4**: 36, *ciarthuilte mhadraíbh úisc* black-flooded with greasy curs **22**: 6.

maithghníomh (< maith + gníomh), *gan treoir gan maithghníomh* bereft of leaders and worthless **8**: 14.

maithibh, tabh. iol. < maith gentry, nobility; *de mhaithibh* of the nobility **5**: 217.

maoile, top, tip, crown; *ó chluasaibh a maoile* from the ears of their head **16**: 4.

maoldubh (< maol + dubh), *in ifreann mhaoldubh* in bleak and gloomy hell **4**: 31.

marmairleac (< marmar + leac), *a mharmair-leac ghlas* o grey marble stone **21**: 25.

me = mé.

meann = mionn, oath, *chun meann do thabhairt* in pronouncing oaths **12**: 28.

meas, esteem, respect; *a meas tar Éirinn* their love above all Ireland **5**: 20.

meillechrith (< meill + crith), shaking in an unshapely manner **13c**: 4.

méin, mind, disposition, mien; *ár ngnaoi is ár méin* our visage and our mien **6**: 16.

méin = mian, *a méin uile d'aontoil* their one unanimous choice **21**: 4.

méise = mise, **21**: 12.

mianach, ore, mine; *a mianach ríoga* her royal mines **4**: 41.

míchóthrom (< mí + cothrom), *is duine me ar míchóthrom* I am one in disarray **17**: 14.

míle, soldier, gin. iol. *na míle mórga* of the illustrious warriors **6**: 94.

mínchosc (< mín + cosc), *ní féidir a mínchosc* ... they cannot be restrained from their fury **21**: 5.

mín-nósmhar, gentle-mannered **2**: 5.

miochairgheal (< *miochair* + *geal*), kind and fair **11**: 34.

míonchóngair (< *mín* + *cóngair* iol. < *cóngar*), *ár míonchóngair* our fine neighbourhoods **17**: 7.

míonghrua (< *mín* + *grua*), *a míonghrua* their smooth cheeks **18**: 28.

míthreorach, bewildered, helpless; *nár mhíthreorach* who were not feeble **2**: 22.

mnáibh, tabh. iol. < *bean*, *ag mnáibh* **5**: 170.

móintibh, tabh. iol. < *móin* bogland, moor; *do bhris … fá mhóintibh* when Loch Goir overflowed into the moorlands **6**: 30.

móirchreach (< *mór* + *creach*), *móirchreach aonair* a unique spoil **5**:101.

monga, iol. < *mong* = *moing*, woodland; *ár monga* **17**: 7, tabh. iol. *trí mhongaibh* **11**: 18, *ar ár mongaibh* **20**: 6.

monuarsa, my woe, woe is me **4**: 1, **10**: 3.

mórchion (< *mór* + *cion*), *ár mórchion* our great love **6**: 15, *fá mhórchion* in high esteem **21**: 24.

mórfhuil (< *mór* + *fuil*), *a mórfhuil* their eminent blood **6**: 72.

mórghol (< *mór*+ *gol*), *d'ardaigh mórghol* a loud cry arose **6**: 47.

mórscol (< *mór* + *scol* call, shout), *i mBun Raite do thaistil an mhórscol* the loud cry arrived in Bunratty **6**: 45.

mórsmacht (< *mór* + *smacht*), *fí mhórsmacht* under oppression **2**: 27, *le mórsmacht fhuinnimh an dlí* from the oppression of the rigour of the law **14**: 6.

mórtas, pride, exultation; *i bhfeidhm 's i mórtas* in control and in the ascendant **6**:86.

muirn, affection, love; *is na mílte dá bhfáiltiú le muirn* and thousands being welcomed with love **20**: 14.

múr, wall, rampart, building; *'na múraibh* in their buildings **10**: 18.

naí, deserving person, **18**: 27.

naíon, infant, child; *nár chleachtas im naíon …* I was unused in my childhood to … **3**: 4.

naoimhchirt (< *naomh* + *cirt* gin. u. < *ceart*), *naomh-Choluim naoimhchirt* holy Colum the truly saintly **19**: 2.

naomhleinbh (< *naomh* + *leinbh* iol. < *leanbh*), holy children **18**: 22.

naomh-oird (*oird* gin. < *ord*), *trí haonbhúidh an naomh-oird* the three most benign of the blessed order **18**: 30.

néal(t)aibh, tabh. iol. < *néal* cloud, *fá néalaibh* under a cloud **5**: 5, 114; *go cúthail fá néaltaibh* humbled under a cloud **10**: 19.

neartbhuíonmhar (< *neart* + *buíonmhar*), of strong hosts **5**: 21.

neimh, tabh. u. < *neamh* heaven, *ar neimh* in heaven **5**: 137.

niamhbhrog (< *niamh* + *brog*= *brugh*), bright mansion **18**: 14.

nirt, gin. u. < *neart*, *sciath nirt* a shield of strength **19**: 10, *cruas nirt is claímh* vigour of strength and sword **21**: 19.

noch, mír choibhn., *tír le mioscais noch d'itheadar faolchoin* a country which wolves have spitefully devoured **4**: 14.

nochtaithe = *nochta*, *scriostaithe nochtaithe i ndaorbhroid* plundered, stripped naked, in dire bondage **4**: 48.

ógha, iol. < *ógh* virgin, **6**: 103.

óighbhreith (< *ógh* + *breith*), gin. iol. *na n-óighbhreith* of the intact judgements **6**: 42.

oilc, gin. u. < *olc* evil, harm; *is tréasan don droing oilc* it is treason for that wicked gang **10**: 5, *príomhchoin oilc* primal hounds of evil **12**: 16, *a phéist oilc* thou serpent of evil **12**: 24.

oiriric, eminent, illustrious; *dob oiriric clú* of illustrious fame **1**: 14.

péac, sprout, shoot, tail; penis; *péac coirpe* incestuous penis **12**: 27.

péarla, pearl, darling; *péarla na hÉireann* **1**: 13, *de phéarla ón Laoi* **6**: 108, *péarla na Muimhneach* **21**: 2.

peiribhig, periwig **13c**: 2.

péist, beast, reptile, monster; *a phéist oilc* thou serpent of evil **12**: 24, *péist chruinnithe geall a* monster who seized the pledges **12**: 26, iol. *péiste* **21**: 15.

pianghoin (< *pian* + *goin*), painful wounding **18**: 9.

piléaraibh, tabh. iol. < *piléar* bullet, *le piléaraibh* with bullets **16**: 12.

plucaibh, tabh. iol. < *pluc* cheek, *ar a phlucaibh* on his cheeks **16**: 11.

póirshleachtaibh (< *pór* + *sleachaibh* tabh. iol. < *sliocht*), true descendants **10**: 9.

póraibh, tabh. iol. < *pór* stock, seed, offspring; *gur scéigh sin dá phóraibh* that he sprang from its stock **6**: 44.

posta, post, stake, prop; *posta na Mumhan* the prop of Munster **1**: 13.

prap, prompt, sudden; *go prap* quickly, lively **12**: 3.

préamha, iol. < *préamh* = *fréamh* root, root-stock, race; *do gearradh a bpréamha* ... their roots and withered decayed branches were lopped off **2**: 4.

préamhdhair (< *préamh* + *dair*), root oak **21**: 11.

préimh, tabh. u. < *préamh*, *de phréimh na rithe* of the stock of the kings **6**: 58, *de phréimh na rí* **6**: 112.

préimhshliocht (< *préamh* + *sliocht*), root stock **2**: 13.

príomh = *préamh*, *do phríomh Uí Laoghaire* to the stock of **5**: 41, *de phríomh na míle mórga* of the stock of the illustrious heroes **6**: 94.

príomhchoin (< *príomh* + *coin* iol. < *cú*), *príomhchoin oilc* primal hounds of evil **12**: 16.

rá, say, speak, utter; 1 u. aim. l. *ní ráimse* I do not say **16**: 20, br. saor aim. l. *cé ráitear leis bréaga* though lies are uttered concerning him **16**: 19.

rad, give, bestow; 2 u. m. ord. *ciall rad go saidhbhir* bestow wisdom bountifully **18**: 15.

ráig, rush, attack, fury **21**: 5.

ramhairleac (< *ramhar* + *leac*), *a ramhairleac* o stout stone **12**: 25.

re = *le*, *re Liútar* **5**: 240, *re namhaid* **6**: 13, *i ngeall re pingin* **17**: 8.

réacs, king, gin. u. *le linn an réics chirt* during the reign of the rightful king **5**: 228, tabh. iol. *de réacsaibh Fódla* **6**: 67.

réaltann, star, guiding star; *gan réaltann* **4**: 18, *réaltann na Mumhan* **20**: 7, iol. *trí réaltanna* **18**: 20.

réamhbhagair (< *réamh* + *bagair* threaten), 3 u. aim. ch. *do réamhbhagair Éisias ar Iúdaibh* Isaiah warned the Jews **19**: 5.

réchoinnil (< ré = rí- + coinnil iol. < coinneal), trí réchoinnil ghréine three majestic sun-bright candles **18**: 18.

réim, course, sway, range; den réim sin Roinn Eorpa of that area the continent of Europe **2**: 10, fuair réim dhá chóige who obtained sway over two provinces **6**: 60, ina réim cheart ... in his own patrimony he will be forever with us **20**: 36.

rianloit (< rian + loit), wound-mark **18**: 13.

riar, manage, provide; 3 u. aim. ch. do riar ar Éirinn who ruled Ireland **5**: 66, 2 u. m. ord. riaraigh an triar conduct the trio **18**: 14.

riar, a.br. < riar, dá riar gan daonnacht being dispensed callously **5**: 107, filí is cliar dá riar ... poets and clergy being served together **5**: 119, ag riar ar providing for **15**: 23.

ríbhean (< rí + bean), an ríbhean deas that very pleasant lady **8**: 8.

ríchúirt (< rí + cúirt), royal mansion **18**: 32.

rídhualgas (< rí + dualgas), don ionad ba rídhualgas to the place which was his royal right **11**: 10.

rífhlaith (< rí + flaith), princely chieftain **19**: 3, **20**: 13, **21**: 16.

rí-lic (< rí + lic tabh. < leac), mo dhéara ... ar an rí-lic my tears as a seal on the royal tombstone **21**: 9.

rímhfhionnas, prophecy **19**: 1 n.

rinne, grass **11**: 6.

rinnruagairt (< rinn + ruagairt), chuir eisean ar rinnruagairt who drove him fiercely out **11**: 11.

rinnscornach (< rinn + scornach), réabadh rinnscornach the tearing of narrow throats **2**: 19.

rinnscuabadh (< rinn + scuabadh), le rinnscuabadh with sharp sweeping **11**: 6.

rinn-uaine, a gormroisc rinn-uaine her blue eyes tinged with green **11**: 2.

ríoghacht = ríocht, go ríoghacht na glóire **6**: 104.

riot = leat, taobh riot **5**: 174.

ris = leis, ag roinn ris **3**: 6, éad ris **5**: 98.

rithe, iol. < rí, cogadh na rithe **5**: 263, de phréimh na rithe **6**: 58.

ritheas, 3 coibhn. aim. l. < rith, do ritheas 'na dheáidh which follows it **5**: 261.

rithibh, tabh. iol. < rith, rithim ... im rithibh I run, heart pounding, with a frantic haste in my stride **11**: 17.

rócheart (< ró + ceart), gan rócheart without any right **6**: 98.

rófhlaith (< ró + flaith), ár rófhlaith our great lord **6**: 9.

roinn = roinnt, a. br. < roinn divide, share; ag roinn ris sharing with him **3**: 6, dá roinn eatarthu being divided among them **5**: 94.

rólag, feeble person, d'fhann nó rólag to the weak and feeble **6**: 97.

rónirt (< ró + nirt gin. < neart), na laochra rónirt of the mighty heroes **6**: 38.

roscaibh, tabh. iol. < rosc eye, as a roscaibh **4**: 27.

róshearc (< ró + searc), is róshearc linn I truly love **8**: 5.

ruacain, iol. < ruacan cockle, ruacain abhann periwinkles (?) **3**: 4.

ruachan, a. br. < ruaigh redden, nach féidir do ruachan which cannot be brought to tillage **20**: 33.

ruaig, rout, rush; de ruaig in a rush **12**: 17, gin. iol. na ruag of the routs **5**: 71.

ruainteacht = ruaiteach, moorland **20**: 33.

ruide = *roide* reddish mud, *com Loch Deirg 'na ruide* the recess of Loch Deirg has turned red
17: 11.

saedar = *céadar*, *a saedar* their chief 21: 3.

saeideadh = *saighdeadh*, br. saor aim. ch. < *saighid* pierce, spear; *gur saeideadh le hintleacht ...*
that was cut down by the ingenuity of death 21: 2.

saidhbhir = *saibhir*, *go saidhbhir* bountifully 18: 15.

saigheadoíreacht = *saighdeoireacht* archery 17: 16.

salmaibh, tabh. iol. < *salm* psalm, *drong ar shalmaibh úra ag guí* a group praying their noble
psalms 15: 15.

san = *sin*.

saobhdheamhain (< *saobh* + *deamhain* iol. < *deamhan*), perverse demons 21: 5.

saorchlannaibh (< *saor* + *clannaibh* tabh. iol. < *clann*), *de shaorchlannaibh Mhíle* of the noble race
of Míle 21: 16.

saorchoirn (< *saor* + *coirn* iol. < *corn*), *saorchoirn óil* noble drinking goblets 18: 8.

saorchoirp (< *saor* + *coirp* iol. < *corp*), noble bodies 18: 23.

saordhalta (< *saor* + *dalta*), noble son 10: 4.

saorfhlaith (< *saor* + *flaith*), *fán saorfhlaith dul uainne* since the noble lord who left us 20: 35,
gin. iol. *na saorfhlaith* of the noble lords 4: 4, 5: 6, 56, 199, 209; 6: 61.

saorfhuil (< *saor* + *fuil*), noble, generous blood 21: 10.

saorshliocht (< *saor* + *sliocht*), *ded shaorshliocht* of thy noble line 5: 194.

scáinte, aid. bhr. < *scáin* scatter, thin out; *go scáinte réabtha* scattered and torn 4: 43, *scáinte ón
gcith* scattered by the shower 4: 69.

scair, 3 u. aim. ch. < *scar* part, separate; *scair le linn Léim Toirc* that depart from the lake of Léim
Toirc 5: 250.

scála, basin, bowl 14: 17.

scaoth, swarm, flock, band; *scaoth bhruinneal* a band of maidens 7: 3, *scaoth na mban gcochall* a
band of hooded maidens 7: 11, *scaoth bheach* a swarm of bees 20: 5.

scéachtaint = *sceitheadh*, a. br. < *sceith* overflow, discharge, erupt; *ag scéachtaint* overflowing
13d: 2.

scéal(t)aibh, tabh. iol. < *scéal*, *ar mo scéalaibh* 2: 9, *im scéalaibh* 4: 45, *tríd na scéaltaibh* 5: 181.

sceanaibh, tabh. iol. < *scian*, *roimh sceanaibh feanta foirne* our protection against flaying knives
of bands 6: 8.

scéigh, 3 u. aim. ch. < *sceith* bloom, disseminate; *dá éileamh gur scéigh sin dá phóraibh* claiming
that he descended from its stock 6: 44.

sceimheal, eaves, *a gcruach fá sceimheal* their stack always under eaves 5: 12.

sciath-urra, *sciath-urra na slóite* the protecting shield of the hosts 6: 92.

scigeamhail = *scigiúil*, *brisid fá scige go scigeamhail* they burst mockingly into laughter 11: 21.

scim, film, covering, haze; *scim dhraíochta* a magic haze 7: 5.

scinn, 3 u. aim. ch. < *scinn* spring, gush; *gur scinn orthu clamhaire* till a wretch sprang upon
them 16: 14.

scrabhadh, a. br. < *scrabh* scratch, scrape; *is daol dá scrabhadh* and a beetle scratching it 12: 15.

scriostaithe = *scriosta*, *scriostaithe nochta i ndaorbhroid* plundered, stripped naked, in dire bondage **4**: 48.

scrúdadh = *scrúdú*, *Gaeilge dá scrúdadh* Irish being studied **10**: 18.

seabhac, warrior, noble person **5**: 18, **21**: 17; gin. u. *bráthair seabhaic* **5**: 76, *caomhionad an tseabhaic* **12**: 30, a. iol. *na seabhaic* **3**: 14; mean person *an seabhac* **17**: 19.

seachnaid, 3 iol. aim. l. < *seachain*, *seachnaid iaisc* fish avoid **22**: 15.

seana- = *sean-*, *fám sheana-chroí dúr* over my old hardened heart **22**: 1, *seana-rosc liath* an aged grey eye **22**: 11.

séideas, 3 coibhn. aim. l. < *séid*; *'na linntreach shéideas* pours forth in pools **4**: 33.

séimhghlic (< *séimh* + *glic*), subtle and wise **5**: 28.

séimh-oilte, *ba séimh-oilte slí* of mild and polished manners **18**: 17.

síbhrog (*sí* + *brog* = *brugh*), fairy mansion **5**: 183.

sileas, 3 u. coibhn. aim. l. < *sil*, *san abhainn do shileas* into the river which flows **17**: 24.

síobhraí, iol. < *síobhra* = *síofra*, fairy, elf; *síobhraí Chnoic Samhna* **16**: 16.

síorchuireas (< *síor* + *cuir*), 3 u. coibhn. aim. l. *shíorchuireas toradh agus cnuas* continually bearing fruit and nuts **7**: 7.

síorghol (< *síor* + *gol*), *ag síorghol* ever weeping **5**: 150.

síorghlórach (< *síor* + *glórach*), *go síorghlórach* ever noisily **17**: 22.

síorscrios (< *síor* + *scrios* = *scriosadh* a. br. < *scrios* destroy, ruin), *dá síorscrios le fórsa* being constantly destroyed by violence **6**: 23.

sioscaithe = *siosctha*, neat, trim **11**: 22.

sírdheora (< *síor* + *deora*), *silimse sírdheora* I shed continual tears **17**: 13.

slata, iol. < *slat* rod, sapling, scion; *a slata fáis* her young nobles **4**: 43.

sléachtadh, a. br. < *sléacht*, kneel, bow down, genuflect; *sléachtadh dod Dhiathoil* yield to thy divine will **18**: 16.

sleachtaibh, tabh. iol. < *sliocht* offspring, progeny; *de shleachtaibh* of the progeny of **4**: 63, **5**: 31, 46; **6**: 60.

sléibhtibh, tabh. iol. < *sliabh* mountain, *ar a sléibhtibh* upon her mountains **4**: 40.

slibire, churl, brute **11**: 26.

slimbhíogas (< *slim* + *bíog* start, jump), 1 u. aim. ch. *do shlimbhíogas* I started up suddenly **7**: 17.

slimbhuartha (< *slim* + *buartha*), *slibire slimbhuartha* a deceitful and vexatious churl **11**: 26.

slimchom (< *slim* + *com*), slender waist **18**: 28.

slimruaitigh (< *slim* + iol. < *ruaiteach*), *trí shlimruaitigh* through barren moorlands **11**: 18.

slíob, snatch, take by stealth; 3 u. aim. ch. *gur shlíob chúichi an chill* since the grave snatched to itself **18**: 31.

sló = *slua*, *don tsló* **19**: 11, iol. *a shlóite* **16**: 5, *sluaite bhfear Muimhneach* hosts of Munstermen **16**: 2; gin. iol. *sciath-urra na slóite* the protective shield of the hosts **6**: 92, tabh. iol. *ag sluaghaibh Gall* by foreign hosts **3**: 16, *'na slóitibh* **6**: 103, *gasra shluaitibh* a band of hosts **14**: 15.

sméideadh, nod, beckoning sign; *gan sméideadh* without recognition **4**: 59.

smísteach, stout stick, cudgel, large lumpish object; *a smísteach boid* his huge uncouth penis **12**: 15.

snaidhm, join, unite, bind; 3 iol. aim. l. *snaidhmid le srathaibh* they join the streams **5**: 250, br. saor aim. ch. *do snaidhmeadh go fíorchruaidh me* I was bound fast **11**: 14; a. br. *nár chuibhe di snaidhmeadh le* that she should not marry **11**: 26.

snaidhmeadh, knot, bond, alliance; *ó tharlaigh an snaidhmeadh* since the marriage took place **20**: 18.

snámhas, 3 coibhn. aim. l. < *snámh, a shnámhas le gaoith* that floats down the wind **22**: 17.

sóchas, comfort, pleasure; *ár ngné 's ár sóchas* our comeliness and our delight **6**: 16.

soilseach, radiant, splendid lady **11**: 34, tabh. u. *fochtaim ... den tsoilsigh* I ask the lady **5**: 210.

soin = *sin*.

soithimh, benign, pleasant, mild; *is éanlaith ... go soithimh* and the birds of the province are joyous **20**: 4.

solasbhrog (< *solas* + *brog* = *brugh*), luminous mansion **7**: 4.

sómpla = *sampla, feabhas gach sómpla* the perfection of every pattern **6**: 100.

spiúnadh, a.br. < *spíon/spiún* exhaust, spend; *chuir spiúnadh ar ár laochra* who dispersed our heroes **16**: 12.

srathaibh = *sruthaibh*, tabh. iol. < *sruth* stream; *snaidhmid le srathaibh* they join the streams **5**: 250.

sreathaid, 3 iol. aim. láith. < *sreath* stream, flow, pour forth; *tásc tré sreathaid* a death through which eyes pour forth tears **6**: 1.

srúillibh, tabh. iol. < *srúill*, stream, river, current; *ar na srúillibh* **20**: 1.

sruith = *sruth* stream, *san tréantsruith* in the heavy current **5**: 83, *'na sruith* **5**: 216, iol. *ar shruithibh* Styx **12**: 13, *is lonnmhar chuirid mo shruithibhse foinseoga* my floods (of tears) vigorously send forth streams **17**: 23.

stáit, gin. u. < *stát* = *eastát, fearann stáit* estate-lands **21**: 23.

staith = *stoith* tear, uproot; aid. bhr. *stoite* torn **4**: 24, a. br. *ag staitheadh a céibhe* pulling out her hair **5**: 201.

stán = *staon*, stop, abstain; 3 u. aim. ch. *nár stán ó bhréagaibh* who did not yield to lies (?) **5**: 113 n.

starthacha, iol. < *stair* history, account **5**: 130.

stéig, patch of land **5**: 95, 96; *stéig fána uillinn de* a patch of it under his control **5**: 95, *stéig na tubaiste* an unfortunate patch of it **5**: 96.

suanphort (< *suan* + *port*), *gach suanphort ...* every lulling melody lovely and sweet **20**: 24, iol. *suanphoirt na ndánta* lulling melodies of poems **20**: 23.

suairceas, pleasantness, gaiety; *suairceas duan* gaiety of poems **14**: 7.

súistibh, tabh. iol. < *súiste* flail, *fá shúistibh Gall* beneath the flails of foreigners **8**: 7.

sul = *sula, sul smaoin Títan* before Titan thought **7**: 1, 20.

tadhm = *teidhm*, calamity, affliction **18**: 11.

táid, 3 iol. aim. l. < *bí* **20**: 1, 5, 21, 23; *cé binn atáid* sweet though they are **1**: 4.

táir = *táire*, reproach, disgrace; *thug táir agus béim do* who reproached and insulted him **16**: 20.

taisceadh, br. saor aim. ch. < *taisc* store, hoard; *taisceadh fád thaobh* who has been buried beneath thy side **21**: 26.

támhlag, feeble, inert, languid person; *i ngach támhlag* **20**: 9.

taoibh = taobh, *taoibh liom* near me **3**: 3, *dár dtaoibh* on our behalf **14**: 13, *fád thaobh* beneath thy side **21**: 26.

tar, come, 3 u. aim. l. *tig* **16**: 11, 13, 17, 18, 19; *thig* **20**: 10, *ní thigeann* **17**: 15, coibhn. *thigeas le cíos* who come with rent **14**: 2, *do thagas im shlí* which comes my way **14**: 17; 3 u. m. fc. *cabhair dá dtíodh* if help should come **3**: 19, *go dtíodh scrios* ... till the destruction and consummation of the world come **19**: 4; a. br. *ag tíocht* **8**: 4, **15**: 13, *le tíocht* **8**: 12, *do théacht as gach cruacheist* has recovered from every danger **20**: 35.

tarlaigh, happen, occur; 3 u. aim. ch. *chuige tharlaigh* that fell to him **12**: 27, 31; *ó tharlaigh an snaidhmeadh* since the marriage took place **20**: 18.

tarrastar, 3 u. aim. ch. < *tairis* remains, exists, happens to be; *tarrastar linn* I happened upon **7**: 3.

tartha = tortha, iol. < *toradh* fruit, produce **4**: 17.

tásc, report (of death), death **6**: 1.

téacht, freeze, congeal; 3 u. aim. ch. *do théacht a huisce* her rivers congealed **4**: 38.

téacht: tar.

teampall, churchyard **12**: 32.

teann, 1. strong, firm, forceful; 2. strong person; *do bhís-se teann le teann* you were forceful against the strong **6**: 98.

téarnaigh, escape, survive; 3 u. aim. ch. *cúigear níor théarnaigh* not five of our band escaped **16**: 12.

teigheas: tíos.

teinnebhrog (< teann + brog = brugh), *don teinnebhrog tigim* I reach the strong mansion **11**: 19.

teoraibh, iol. < *teora* frontier, border; *fál ... is ár dteoraibh* the fence ... and of our borders **6**: 6.

tagas: tar.

thorainn = tharainn, *sa ngeimhreadh ghabh thorainn* the winter that has passed **16**: 1.

tig: tar.

tinnchreathach (< tinn + creathach), sickly shaken **7**: 19.

tíocht: tar.

tíodh: tar.

tionscnas, 1 u. aim. ch.< *tionscain* begin, originate; *trúig is cúis trér thionscnas* ... the reason whereby I began to sorrow for him **5**: 98.

tíos, housekeeping, household; *'na theigheas* in his household **5**: 124, *ba ríúil a dtíos* kingly was their household **18**: 26.

titeas, 3 coibhn. aim. l. < *tit*, *mar thiteas gach dochar le sochar* ... as every loss succumbs to the profit which follows it **5**: 261.

tlacht, covering, clothing, protection; *fá thlacht an bhrátha* under perpetual covering **6**: 114.

togradh, 3 u. aim. gh. < *togair* desire, choose, pursue; *do thogradh Gaeilge* who used to study Irish **5**: 132.

toirneamh = turnamh fall, demise; *tréd thoirneamh* because of thy demise **6**: 28.

tóisce = túisce sooner, first; *san choncas ba thóisce* who was first in the conquest **6**: 77.

tonnchrith (< tonn + crith), 3 u. aim. ch. *do thonnchrith m'inchinn* my brain quivered **17**: 5.

tonntaibh, tabh. iol. < tonn wave, *tar tonntaibh* **8**: 23, *tar tonna* **16**: 7.

tor, tower, towering warrior; *ár dtor daingean* our steadfast towering warrior **6**: 13.

trálacht, demise, consummation **19**: 4.

traidhe = treá, spear, trident **16**: 15.

tré = trí, tré (< tré + a), through which **5**: 260, **6**: 1, 2, 3; *trér* (< tré + ar), through which **5**:98, *trénar* through which **5**: 212; *tréd* (< tré + do) *thoirneamh* **6**: 28.

tréan, strength, power, might; *tréan na Tríonóide* the might of the Trinity **2**: 23, *i gcumas na tréine* in the authority of power **5**: 109.

tréanmhar, brave, powerful **4**: 2, 54, **5**: 29, 71.

tréanrith (< tréan + rith), *ag titim 'na tréanrith* falling down copiously **4**: 26.

tréantsloig (< tréan + sloig 3 u. aim. ch. < slog), *do thréantsloig an t-íseal an t-ard* the hollow has swallowed up the hillock **21**: 13.

tréantsruith (< tréan + sruith), *san tréantsruith* in the strong current **5**: 83.

tréantuile (< tréan + tuile), *le tréantuile mhóir* by a strong great flood **18**: 5.

tréasan, treason **10**: 5.

treascair, overthrow, lay low; 3 u. aim. ch. *do threascair a deora* she poured her tears **21**: 21, br. saor aim. ch. *ó treascradh dragain* since the warriors ... have been laid low **17**: 26.

tréighid = treighid, pain, pang; *is tréighid go héag liom* I deem it a sickness unto death **4**: 8, *ciach goirt is treighid* it is a bitter sorrow and pain **18**: 9.

tréinfhir (< tréan + fir), *tráite a tréinfhir* drained are her brave men **4**: 21.

tréithibh, tabh. iol. < tréith trait, characteristic; *'na thréithibh* in his character **5**: 26.

treoin, iol. < treon = tréan strong person, warrior; *treoin ba thréanmhar* warriors who were once powerful **4**: 54.

treorach, leader, *treorach tréanmhar* powerful leader **4**: 2.

triaithe, iol. < triath, *gan triar triaithe* without the trio of lords **22**: 7.

triar = triúr, *gan triar triaithe* **22**: 7.

triathshliocht (< triath + sliocht), lordly progeny **19**: 12.

tríochad = tríocha, thirty **16**: 7.

triúchaibh, tabh. iol. < triúcha district, land; *beidh ... dá ndíbirt tar triúchaibh* will be expelled overseas **10**: 15.

tromlot (< trom + lot), grievous ruin, wreck **17**: 21.

truaghaibh, tabh. iol. < trua miserable person, wretch; *tá faothó aige truaghaibh* the wretched have a respite **20**: 25.

truaillithe, aid. bhr. < truailligh corrupt, defile; *is truaillithe claonmhar* it is foul and evil **10**: 5.

trúig, cause, occasion; *trúig is cúis trér ...* the reason whereby **5**: 98, *trúig ghoil* cause of weeping **6**: 110.

trúip, iol. < trúp troop, *trúip na bhfaolchon* hosts of wolves **5**: 135.

truipí, iol. < trup troop, *is a thruipí* and his troops **13a**: 2.

tu, thu = tú.

tuairim, *faoi thuairim sláinte* to the health of **14**: 20.

tuilte, iol. < tuile flood, flow; *tuilte thar toinn* floods over the sea **14**: 14.

turadh, dry weather **4**: 18.

túrnadh = turnadh br. saor aim. ch. < tuirn/turn descend, fall; *ó túrnadh ríthe chleacht sí* since the kings she cherished had been brought low **8**: 17.

uachtrach = uachtarach, *sa tír uachtraigh* in the upland **11**: 8.

uillinn, elbow, *stéig fána uillinn de ...* Muiris has a patch of it under his control **5**: 95.

úir, gairm. u., tabh. u. < úr noble, generous; *a bhráthair úir* o noble kinsman **5**: 49, *de chuislinn úir Bhrúnaigh* of the noble Browne pulse **6**: 108, *iarla níl aici 'n chlainn úir* without an earl of the noble race **22**: 9.

uireaspa = uireasa want, lack; *le huireaspa* from want **17**: 18.

úisc, gin. < úsc grease, fat, extract; *ciarthuilte mhadraíbh úisc* black-flooded with greasy curs **22**: 6.

uiseannaibh, tabh. iol. < uisinn temple; *treabhann óm uiseannaibh* water ploughs from my temples **17**: 22.

umhlaíocht = umhlú a.br. < umhlaigh, *gan umhlaíocht dá riail* by not obeying his rule **19**: 7.

umhlann, 3 u. aim. l. < umhlaigh humble, bend, submit; *ná humhlann* who do not submit **10**: 14.

úrchlogad (< úr + clogad), *úrchlogad óir* a new golden helmet **19**: 10.

úrghlas (< úr + glas), *ar ghéagaibh is úrghlas* on boughs fresh and green **20**: 5.

ursa = ursainn jamb, prop; *gan ursa shliocht Néill Duibh* without a prop of the progeny of Niall Dubh **4**: 51.

Innéacs

bar. = barúntacht, co. = contae, par. = paróiste

Brúnach, 19: 11, 20: 7, Brúnach Loch Léin 16:
9 n., Brúnach na hÉile 16: 9 n. , de
chuislinn úir Bhrúnaigh 6: 108.
Buitléar, an t-iarla ón gCathair is flatha Dhún
Bóinne 6: 76, triath Chille Chainnigh 6: 78.
Éamann, mac le Tomás Buitléar (Baron
Cahir), 6: 51 n.
Honóra, iníon don Choirn.Tomás 19 n.,
20 n., réaltann na Mumhan 20: 7,
Realtan Chill-Chainnich 20 n.
Joan, bean an Chap. Seán Brún, 6: 51 n.
Séamas, diúc Urmhumhan I (1610–88),
6: 52 n., 20: 8 n.
Séamas, diúc Urmhumhan II (1665–
1745), an diúic 16: 9 n.
Tomás, Baron Cahir, 6: 51 n.
Tomás, an Coirnéal, do choirnéul Builtéar
chille-Caise 19 n., 20 n., rífhlaith ó Chill
Chais 19: 3.
Bun Raite, co. an Chláir, 6: 45, bráthair
seabhaic Bhun Raite 5: 76 n.
Bun Robhair, Áth Dara (par.), Cois
Máighe (bar.), co. Luimnigh, 6: 46.
Búrcaigh, cine i gco. na Gaillimhe, 4: 60,
na mBúrcach 5: 49, triath ó Inis Bó Finne
6: 80, an Búrcach 16: 10.
Butler: Buitléar.

Cairbre (Lifeachair), mac le Cormac mac
Airt, 5: 36.
Cairbre, bar. in iardheisceart Chorcaí,
tiarna Chairbreach 5: 92.
Caiseal, Caiseal Mumhan, co. Thiobraid
Árann, 3: 15, 22: 5; tiarna cróga Caisil
cháidh 1: 10, ceap ríoga Chaisil 21: 18,
Caiseal ard-Choirc 22: 3 n.
Carathach: Mac Cárthaigh.
Carathfhuil: Mac Cárthaigh.
Carn, baile fearainn i gCill Choimín
(par.), Maigh gCoinche (bar.), co.
Chiarraí, triath ... an Chairn 5: 47,
tiarna an Chairn, 5: 92 n., ainnir an

Chairn 5: 188.
Carraic (Carricque), 13a: 3 n.
Cárthach, abhainn i nDún Ciaráin (bar.),
co. Chiarraí, 5: 148.
Cárthach: Mac Cárthaigh.
Cárthfhuil: Mac Cárthaigh.
Cas, mac le Corc rí Chaisil anallód, duine
de na sinsir ónar shíolraigh uaisle
Mumhan, de shleachtaibh ... Chais mhic
Coirc 5: 32.
Cas, sinsear Dhál gCais, Cas na reacht 5: 36.
Cathair, co. Thiobraid Árann, an t-iarla ón
gCathair 6: 76.
Cathair Fhíonáin, Achadh Dá Eo (par.),
Maigh gCoinche (bar.), co. Chiarraí,
5: 16 n.
Ceallachán Chaisil (†954), rí chúige
Mumhan 5: 39.
Ceann Mara, an tOspidéal, co. Luimnigh,
6 n., tiarna Chinn Mara, Lord, Lady,
Viscount Kenmare: Brún.
Ceann Toirc, Dúiche Ealla (bar.), co.
Chorcaí, Carathach rí Cinn Toirc 3: 11 n.,
bráthair fir Chinn Toirc na gcaolta 5: 62 n.
Ceapach Choinn, co. Phort Láirge, Ceapach
Choinn na nDéiseach 5: 192.
Ceapach na Coise, Dún Ciaráin Theas
(bar.), Teampall Nua (par.), co.
Chiarraí, 3: 22 n.
Ceardach, Creator, Ceardach na ndúilibh
19: 12.
Céitneach = Céitinneach, cine i gco.
Thiobraid Árann 16: 10.
Cian, pearsa mhiotasach, athair Lugh, de
shleachtaibh Chéin 6: 60 n., Luighdheach
mac Céin 8: 19.
Cill Airne, baile agus par. i gco. Chiarraí,
6: 26, de theampall Chille hAirne 12: 32,
Goll ... na Cille 17: 17, rí Chille hAirne 19:
3, 20: 12, uaisle Chill Airne 20: 21.
Cill Chainnigh, co. Chill Chainnigh, 20:
8, 28; triath Chille Chainnigh 6: 78,

Mac Craith, **5**: 106 n.

Mac Criothain, cine i gco. Chiarraí, **16**: 5.

Mac Gearailt, ridire an Ghleanna, *ridire ó
    Chois Sionna* **5**: 70, *an ridire ródhil* **6**: 78 n.
    iarla Chill Dara, *iarla fairsing Chill Dara*
    6: 73.
    Gearóid (†1584), iarla Deasmhumhan,
    cinnire éirí amach 1569–73, 1579–83,
    3: 5 n., **6**: 74 n., **13a**: 3 n.

Mac Maolmhuaidh, cine i gco. Uíbh
    Fhailí, *bráthair ... Mhic Mhaolmhuaidh* **5**:
    71.

Mac Muiris, cine i dtuaisceart Chiarraí,
    bráthair fine Mhic Muiris **5**: 69, *triath na
    Lice* **6**: 79.

Mac Piarais, cine i dtuaisceart Chiarraí,
    bráthair ... Mhic Phiarais **5**: 68.

Máible: Brún.

Máigh, abhainn i gco. Luimnigh, *an
    Mháigh* **5**: 147.

Maigh gCoinche, bar. in oirthear cho.
    Chiarraí, **6**: 25.

Maing, abhainn i gco. Chiarraí, *an Mhaing*
    4: 50, **5**: 155; *triath na Mainge* **5**: 47,
    dá thaobh Mainge **5**: 172, **6**: 27, *uisce na
    Mainge* **5**: 249.

Maor, abhainn ar an teorainn idir co.
    Chorcaí agus co. Chiarraí, *caise an
    Mhaoir* **5**: 251.

Mars, dia an chogaidh, *tréan-Mhars* **21**: 7,
    an Mars **22**: 22 (lch 94).

Márta, mí an Mhárta, *de bheoir an Mhárta*
    14: 18.

McCarthy: Mac Cárthaigh.
    Owen, file, **3**: 5 n.

Míle (Easpáinne), **Miléisius**, sinsear na
    nGael, *de chlanna Mhiléisius* **5**: 239, *maca
    Mhíle* **8**: 10, *de shaorchlannaibh Mhíle* **21**: 16.

Mogha, rí Mumhan anallód, **5**: 34.

Móid an tSéanta (Oath of Abjuration), **9**: 3
    n., **10**: 6 n., **12**: 23 n.

Mórmhac, an, **6**: 102.

Morris, Jaspar, Samuel, **5**: 16 n.

Mucros, par. Chill Airne, co. Chiarraí,
    mainistir Mhucrois, lch 1, n. 1.

Muilín (**Mullins**), Lord Ventry, **13a**: 3 n.
    William Mullins (1691–1736), giúistís,
    13a: 3 n.

Muimhneach, gin. iol. *sluaite bhfear
    Muimhneach* **16**: 2, *péarla na
    Muimhneach* **21**: 2.

Muircheartach: Ó Gríofa.

Muire, *ar ghoirm Mhic Mhuire* **11**: 15.

Muiris: Hussey.

Mumhain, *an Mhumhain mhín* **15**: 1, *posta
    na Mumhan* **1**: 13, *curadh Mumhan*
    6: 109, *ar bhruíonta na Mumhan* **16**:
    1, *réaltann na Mumhan* **20**: 7, *ríocht
    Mumhan* **22**: 3, *rí Mumhan* **22**: 7.

Múscraí, bar. in iarthar cho. Chorcaí,
    tiarna Mhúscraí **5**: 90.

Newland, Meiriceá, **10**: 15 n.

Ní: Ó.

Niall, Niall Naoighiallach, sinsear na
    Niallach, ardrí Éireann sa dara leath
    den 5ú haois, *préimhshliocht Néill* **2**: 13,
    Niall na gcaol-each is na naoi ngiall **5**:
    65, *de ghriantsliocht ... Néill* **6**: 66.

Niall Dubh (†919), Niall Glúndubh, rí
    Éireann, *ursa shliocht Néill Duibh* **4**: 51,
    Néill Dubh **5**: 36, *de mhaithibh Néill
    Duibh* **5**: 217.

Nic: Mac.

Ó Briain, cine i gco. an Chláir, *Ó Briain
    ceart na Bóirmhe* **16**: 6.

Ó Caoimh, cine i nDúiche Ealla, tuaisceart
    cho. Chorcaí, *Uí Chaoimh* **5**: 77, **22**: 7 n.

Ó Ceallacháin, cine a chónaigh ar an
    gCluain Mhín i bPobal Uí
    Cheallacháin i dtuaisceart cho.
    Chorcaí, **22**: 7 n., *Uí Cheallacháin
    Chluana* **5**: 79.

thaobh Toirc **5**: 170, linn Léim Toirc **5**: 250.

Trá Lí, co. Chiarraí, **13a**: 3 n.

Tríonóid, **4**: 61, *tréan na Tríonóide* **2**: 23.

Truipeall, cnoc i Sliabh Luachra mar a n-éiríonn Abhainn Mhór na Mumhan, *ó Thruipill* **17**: 24 n.

Tuamhain, tuaisceart chúige Mumhan, **3**: 15, **6**: 41, **7**: 11.

Turgesius (†845), ceannaire na Lochlannach in Éirinn, *clanna Tuirgéisius* **5**: 40.

Typhon, péist a raibh céad ceann air, **21**: 14.

Uan, uan Dé, *an tUan* **14**: 13.

Uíbh Laoghaire, ceantar i Múscraí Thiar (bar.), co. Chorcaí **5**: 257.

Uilliam Oráiste (1650–1702), 'Prince of Orange', *Stadholder na hOllainne* 1672–88, rí na Breataine 1689–1702; **2**: 12 n., **4**: 45 n., **5**: 263 n., *an cuireata* **17**: 12.

Ulaidh, *cúige Uladh* **16**: 10.

Úna, bean sí a bhain le tuaisceart na Mumhan, **5**: 182.

Urmhumhan, *diúc*: Séamas Buitléar.

Vail: Sir Vailintín Brún.

Vulcánas, dia na tine, *le ceardaibh Vulcánais* **4**: 32.

Warner, **15**: 18 n.

Foinsí

Lámhscríbhinní

BA Boston Athenaeum, Boston
   Ir 3

BL British Library, London
   Add. 29614, Add. 31877; Eg. 94, Eg. 133, Eg. 150, Eg. 158, Eg. 160

HL Huntington Library, San Marino
   HM 4543

IL Leabharlann na nÍosánach, Sr Líosan, Baile Átha Cliath
   LSS Gaeilge 7, 8

JH LSS a bhíodh i seilbh Joseph Hogan, Baile na gCailleach, co. Luimnigh
   (miocrascannán p. 6018, LN) LS 2

LN An Leabharlann Náisiúnta, Baile Átha Cliath
   G31, G82, G114, G206, G226, G230, G360, G374, G434, G476, G496, G646, G598, G658,
   G819, G1310

MF Coláiste Cholmáin, Mainistir Fhear Maí
   CF 25, PB 9

ML Coláiste Naomh Mel, Longphort
   LS 3

MN Coláiste Phádraig, Má Nuad
  C13, C25, C45, C62; LC 2, M 5, M6, M10, M12, M95; R 69

NAI Aircíovlann Náisiúnta na hÉireann, Baile Átha Cliath
  T6916

PÓR LSS i seilbh an Ollaimh Pádraig Ó Riain, Corcaigh
  (miocrascannán p. 8866 LN), LS 1

PRO Public Records Office, Béal Feirste
  D/4151/R/I

RD Registry of Deeds, Baile Átha Cliath
  5/207/1573, 9/345/3794–54/298/35827, 20/148/10107, 82/96/57143

RIA Royal Irish Academy, Baile Átha Cliath
  A iv 2, 12 E 22, 12 F 7, 12 M 14, 23 A 18, 23 B 37, 23 B 38, 23 C 8, 23 C 16, 23 C 21, 23 C 26,
  23 D 8, 23 E 12, 23 E 16, 23 G 3, 23 G 20, 23 G 21, 23 G 27, 23 H 30, 23 K 51, 23 L 24, 23 M
  11, 23 M 16, 23 M 45, 23 N 9, 23 N 11, 23 N 12, 23 N 15, 23 N 32, 23 O 73, 23 Q 3, 24 A 29,
  24 C 56, 24 L 12, 24 L 14, 24 P 49, RR 67 E 7

TCD Trinity College Dublin
  H. 6. 21

UCC University College Cork, Ollscoil na hÉireann, Corcaigh
  M40, T 7, T12, T62, T80, T87; LS 135

UCD University College Dublin, Ollscoil na hÉireann, Baile Átha Cliath
  C14, F1, F16, F29

UCG University College Galway, Ollscoil na hÉireann, Gaillimh
  B1, H40, H44

VU Villanova University, Philadelphia
  Ir 1

Údair

Breatnach, P. A. 1993. 'Form and Continuity in Later Irish Verse Tradition', Ériu 44: 125–38.

Butler, W. F. T. 1925. *Gleanings from Irish History*. London.

Casey, A. E. 1952. *O'Kief, Coshe Mang, Slieve Lougher and Upper Blackwater in Ireland*. Birmingham, Alabama.

Corkery, D. 1925. *The Hidden Ireland*. Dublin.

Crofton Croker, T. 1978. *Legends of Kerry*. Tralee.

de Brún, P. 1968. 'Epitaph Aogáin Í Rathaile', *Éigse* 12: 236.

—— 1969. 'Ar Shaorbhreathach Mhág Cárthaigh', *Éigse* 13: 10.

Dinneen, P. S. 1900 (ed.). *Dánta Aodhagáin Uí Rathaille*. London (ITS iii).

—— & T. O'Donoghue. 1911 (ed.). *Dánta Aodhagáin Uí Rathaille*. London (ITS iii).

—— 1929. *Filidhe Móra Chiarraighe: Four Notable Kerry Poets*. Dublin.

Eager, E. 1860. *The Eager Family in the County of Kerry*. Dublin.

Egan, J. & M. 1979. *History of Clan Egan*. Michigan.

Hardiman, J. 1831 (ed.). *Irish Minstrelsy*. i–ii. London.

Hickson, M. 1872–74. *Selections from Old Kerry Records*. i–ii. London.

Irish Fiants of the Tudor Sovereigns. 1994. Dublin (IMC).

Hull, E. 1903. 'Three Irish Jacobite Poets', *The New Ireland Review* 19: 40–58.

King, J. 1907. *History of Kerry*. Liverpool.

Lenman, B. 1977. *The Jacobite Risings in Britain, 1689–1746*. London.

Lyne, G. 1977. 'Land Tenure in Kenmare and Tuosist, 1696–c.1716', *Journal of the Kerry Archaeological and Historical Society* 10: 19–54.

MacCarthy (Glas), D. 1849. *A Historical Pedigree of Sliocht Feidhlimidh*. Exeter.

McCarthy, S. T. 1922. *The MacCarthys of Munster*. Dundalk.

Mac Craith, M. 1994. 'Filíocht Sheacaibíteach na Gaeilge: Ionar Gan Uaim?', *Eighteenth-century Ireland* 9: 57–74.

McLysaght, E. 1942 (ed.). *The Kenmare Manuscripts*. Dublin.

—— 1991. *Irish Families*. Dublin.

Monod, P. K. 1989. *Jacobitism and the English People, 1688–1788*. Cambridge.

Morrin, J. (ed.). 1862. *Calendar of the Patent and Close Rolls of Chancery in Ireland* i–ii. London.

Murphy, J. A. 1959. *Justin MacCarthy, Lord Mountcashel*. Cork.

Ní Dhroighneáin, C. M. 1983. 'Aogán Ó Rathaille: Dánta' (MA, UCD).

Ó Buachalla, B. 1993. 'In a Hovel by the Sea', *Irish Review* 14: 48–55.

—— 1993a. 'James our True King: the Ideology of Irish Royalism in the Seventeenth Century' in *Political Thought in Ireland Since the Seventeenth Century* (ed. D. G. Boyce et al. London, 1993), 8–35.

—— 1996. *Aisling Ghéar*. Baile Átha Cliath.

—— 1996a. 'Canóin na Creille: an File ar Leaba a Bháis' in *Nua-Léamha* (eag. M. Ní Dhonnchadha, Baile Átha Cliath, 1996), 149–69.

—— 2001. 'Ó Rathaille, na Cárthaigh agus na Brúnaigh', *Studia Hibernica* 31: 119–38.

—— 2003. 'A Line in Aogán Ó Rathile', *Celtica* 24: 225–31.

────── 2004. *Dánta Aogáin Uí Rathaille: Reassessments* (ITS Subsidiary Series 15). Dublin.

O'Callaghan, J. C. 1870. *History of the Irish Brigades in the Service of France*. London.

Ó Ciardha, É. 2002. *Ireland and the Jacobite Cause, 1685–1766*. Dublin.

O'Daly, J. 1844, 1866 (ed.). *Reliques of Irish Jacobite Poetry*. Dublin.

────── 1846 (ed.). *Self-Instruction in Irish*. Dublin.

────── 1849 (ed.). *Poets and Poetry of Munster*. Dublin.

Ó Dónaill, N. 1977. (eag.) *Foclóir Gaeilge–Béarla*. Baile Átha Cliath.

Ó Donnchadha, T. 1916 (eag.), *Amhráin Dhiarmada mac Seáin Bhuidhe Mac Cárrthaigh*. Baile Átha Cliath.

────── 1940 (eag.). *An Leabhar Muimhneach*. Baile Átha Cliath.

────── 1954 (eag.). *Seán na Ráithíneach*. Baile Átha Cliath.

Ó Fiannachta, P. 1979. 'Leabhair Nua', *An Sagart* 22 / 1: 7–9.

────── 1983. 'Tuireamh le hAogán Ó Raithile', *Celtica* 15: 111–16.

Ó Mathúna, D. 1982. 'Aodhgán Ó Rathaille agus Seann-tSíol Chéin', *The O Mahony Journal* 12: 19–23.

O'Rahilly, C. 1952 (ed.). *Five Seventeenth-Century Political Poems*. Dublin.

O'Rahilly, T. F. 1912. 'Egan O'Rahilly's Warrant', *Gadelica* 1: 151–55.

────── 1926. *Dánta Grádha*. Dublin.

────── 1950. 'A Line in Aogán Ó Rathile', *Celtica* 1: 328–30.

O'Reilly, E. 1820. *A Chronological Account of Nearly Four Hundred Irish Writers*. Dublin.

Ó Tuama, S. 1978. *Filí faoi Sceimhle*. Baile Átha Cliath.

Pearsall, J. 1998 (ed.), *The New Oxford Dictionary of English*. Oxford.

Quin, E. G. (*et al.*), 1983. *Dictionary of the Irish Language*. RIA, Dublin.

Smith, C. 1756. *The Ancient and Present State of the County of Kerry*. Dublin.

Stephen, L. & Lee, S. 1917. *The Dictionary of National Biography*. Oxford.

Windele, J. 1844. *Hand Book to Killarney, through Bantry, Glengarriff & Kenmare*. Cork.

Línte Tosaigh

Amhrán Pheter Báille : M. Black

Gaeilge Cho. Dhuibhne   D. Ó Sé

   Amhráin Ch Dh.   B Mac G.

Foclóir Córlaí na G ?

Dairbhre - amhráin U. Ráthall